すぐに使える、一生使える!

「本当の語彙力」が
\グングン/伸びる本

福嶋隆史　ふくしま国語塾 主宰

大和出版

はじめに

今こそ身につけておきたい「本当の語彙力」

一般のお母さんお父さんを対象にしたセミナーの終わりの、質疑応答の場面です。

ある参加者が、こう切り出しました。

「福嶋先生のおっしゃる思考技術の重要性については、よく分かりました。

ただ、うちの息子は、とにかくまず言葉を知らないんです。先生が今日挙げてくださったいろいろな例文の中に出てきた、当たり前に知っていてほしいような単語も、うちの息子はかなり知らないと思います。

先生、そんな子の語彙力を伸ばすには、どうすればいいんでしょうか？」

実はちょうどその数日前にも、同様のことがありました。

場所は、某公立小学校。

先生方を対象にした研修会の講師として出向いたときのことです。

同じように、研修会の最後で質問が出ました。
「本当に充実した内容でした。必ず授業で実践したいと思います。
ただ、わが校の一定数の子は、文を読み書きする以前に、言葉そのものを知りません。
いったいどうすれば、語彙力を高めることができるんでしょうか？
それが、わが校の国語教育の、１つの大きな課題なんです」

片や親から。
片や教師から。
短期間に同じことを言われ、私は痛感しました。

語彙力を伸ばすことに特化した本が必要だ。

学術的な本というよりは、読んだその日にその場で子どもと一緒に取り組めるような、具体的なアドバイスを総合的にまとめた本。
ページの順に読まなくても、開いたところからすぐ役立てられるような本。

そのイメージを形にしたのが、この本です。


ところで、私はよく、授業で次のように話します。

「言葉を選んで使うようにしなさい。

この**『選ぶ』**というのが、キーワードです。

なんとなくではなく、意識的に、意図的に選ぶ。

この言葉とあの言葉、どちらを使えばいいだろうかと、考えて選ぶ。

書くときも話すときも、選んで使う。

読むときや聞くときは、相手がなぜその言葉を選んだのだろうと考える。あるいは、選ばなかった言葉はなんだろうと考える。

そういう習慣がつけば、語彙力はきっと伸びていきますよ」


そのような指導を受け、子どもたちは着実に語彙力を伸ばしています。

個人差はありますが、いろいろな変化が目に見えるようになっています。

その変化について、ある子はこう言いました。

●学校の先生が、言葉の選び方が大人びてきたねって、僕の作文をほめてくれました（小学4年・男子）

またある子は、こう言いました。

●お母さんが、反対語の知識に関してはもう私（娘）にはかないません、って言ってました（小学5年・女子）

私は、日々、反対語を徹底的に教えています（反対語の重要性については本文の第9項などを参照）。そのお母さんの言葉は、うそ偽りのない気持ちだと思います。

また、あるお父さんは、こう話しました。

●テレビを見ながら息子が突然、「今の意見、なんか変だよね、主観的には」なんて言ったときには、驚いちゃって、どう返事をすればいいか迷っちゃいました（小学6年・男子の父）

「主観的」なんて、なかなか小学生の日常会話には出てこない。

そういう意味でしょう。


「本当の語彙力」というのは、そうやって日常の中で活用できることを指すのです。


素晴らしい成長です。

お母さんお父さんが、わが子の語彙力が伸びたと思えるときがあるとすれば、どういうときでしょうか。

それはきっと、「主観・客観」などというような抽象的な言葉、すなわち抽象語を使い始めたときではないかと思います。

そう言えば、こんな感想も受けたことがあります。

中学生のときに通っていた子の言葉です。

●「抽象語」とか「心情語」とか、そういうひとくくりの呼び方を意識できるようになったことが、今思うと、役立っていると思います（高校1年・女子）

たしかに、抽象語という言葉は1つのキーワードです（本文の第6項などを参照）。

この本では、そういった**「言葉そのものを多角的にとらえ直す視点」**を得られるようになっています。

その意味では、次のような声も特筆すべきでしょう。

●先生がおっしゃった、「体験がないと語彙も増えない。体験をとおしてこそ、語彙力は伸びる」というのは、なるほど目からうろこでした（小学校教師・女性）

これは、先に述べたセミナーの参加者の声です。

国語辞典に付箋を貼りまくり、辞書とお友だちのようになっている子も、意外に言葉を使いこなせないケースがあります。それは、自らの**「体験」**との結びつきを意識せず、単に辞書的な意味を覚えようとしているからかもしれません（本文の第3〜5項などを参照）。

この「体験」の概念もまた、言葉そのものへの見方を変えてくれることでしょう。

さて、いくつかの「声」とともに、この本の断片をお示ししました。

ここまでをお読みになり、もしかすると、こう感じた方がいるかもしれません。

「その子たちの語彙力が伸びたのは、専門の先生が教えたからであって、親である私自身がいくら頑張っても無駄なんじゃないの？」

いいえ。そんなことはありません。

よく考えてみてください。

子どもと最も多くの時間を共有しているのは、教師ですか？　親ですか？

子どもが成長して独り立ちするまでの間、最も影響力を持つ大人は、教師ですか？　親ですか？

どちらも、答えは明白です。


親であるあなたこそが、お子さんの語彙力を伸ばす手助けができるのです。


私など、週に1回・100分の授業で、教室という限られた場所において、アドバイスを与えているにすぎません。

しかし、お母さんお父さんならば、毎日何時間でも、どこででも、声をかけることができます。

その差は、歴然たるものです。

この本を参考にし、あなたの働きかけを少し変えるだけで、お子さんは**「本当の語彙力」**を身につけることができるようになります。

本当の語彙力が身につく。

それは、「選ぶ」べき言葉の引き出しが増えるだけでなく、その引き出しをいつでもどこでも開けられるようになるということです。

そして、1つの引き出しが開けば自動的に他の引き出しも開くようなスタンバイ状態になるということです。

それがいったいどういう状態を指すのか。

それは、この本を読み進める中で、自ずと明らかになってくるでしょう。

さあ、前置きはこのくらいにします。

さっそく、先へ進むことにしましょう。

ふくしま国語塾　主宰　福嶋隆史

「本当の語彙力」がグングン伸びる本

◎もくじ

本文デザイン　村﨑和寿

1

言葉を調べる準備を整えよう！

子どもも、そして大人も、日本人であれば日本語を使えます。

それは、当たり前のことだと思われています。

しかし、少し立ち止まってみてください。

あなたは、どのくらいの数の日本語の単語を知っていますか？

知っているその言葉を、適切に使うことができていますか？

その言葉の意味・用法を、お子さんに堂々と教えることができますか？

まして、お子さん本人は、どの程度の言葉を知り、使うことができているのでしょうか？

――少し、不安になったかもしれません。

その不安を解消してくれる最強の味方。それは、「辞典」です。

さあ、準備にとりかかりましょう。

◆「国語辞典」は1冊で十分だと思っていませんか?

言葉の知識を増やすためには、まず国語辞典が不可欠です。このことは、小学生でもよく知っています。

しかし、国語辞典が1冊あればそれで十分だと考えるのならば、それは間違っています。**少なくとも、国語辞典は2冊(=2種類)以上持つべきです。**

なぜでしょうか。答えは簡単。

国語辞典にも、個性が表れるからです。

国語辞典には、いわゆる著者は存在しませんが、編者が存在します。ある新語を入れるか入れないか。意味・用法が時代とともに変わってきた言葉に対して新たな意味・用法を加えるか加えないか。あるいは、意味そのものをどこまで公平・公正にするか。

そういう面で、国語辞典には予想以上に違いがあります。このことは、同じ言葉を複数の国語辞典で調べてみたことのある方には、異論のないところでしょう。

今、「公平・公正」と書きました。そんなの当たり前ではないか、と思うかもしれません。

しかし、次の国語辞典は、ちょっと違います。

●『新明解国語辞典』三省堂

これは、知る人ぞ知る国語辞典です。

ひとことで言えば、「価値観」が含まれている。別の言い方をすれば、「公平・公正」から少し外れている。しかし、違和感よりも共感のほうがわきやすい。それが、この辞典の特徴です。もっと分かりやすく言えば、**「おもしろい」**のです。

私は、塾の生徒や保護者に「国語辞典はどれがいいか」と問われたら、必ずこれを紹介するようにしています。少なくとも、「2冊目にはこれを」とすすめます。

ちなみに、この辞典の特徴を探究するための本もけっこう世に出ています。ある特定の辞典を題材にした本が出るなんて、あまりないことです。

ぜひ、お子さんと一緒に、この辞典のおもしろさを実感してください。

なお、小学校1～3年生くらいのお子さんの場合は、ルビ（ふりがな）のついた小学生用の国語辞典（各社から出ています）を1冊準備し、その上で、『新明解』など、今後年齢が上がるほど使う機会が増えるであろう有益な辞典を手元に置き、早いうちから使い慣れておくようにするとよいでしょう。

◆こんな辞典も揃えておけば鬼に金棒

さて、ひとくちに国語辞典と言っても、実はさまざまな種類があります。

私は仕事がら、次のような辞典を日常的に使いこなしています。

●『三省堂 反対語便覧 新装版』三省堂
●『活用自在 反対語対照語辞典』柏書房
●『類語国語辞典』角川学芸出版
●『ちがいがわかる 類語使い分け辞典』小学館

私は、**「語彙力と言えばまず反対語力だ」**と確信している人間です。だからこそ、反対語辞典は不可欠です。

読み書きにおいて、というよりも「思考」において反対語がなぜ重要なのか。その意味については後述します（第9項などを参照）。

反対語については、私の著書、『「本当の語彙力」が身につく問題集〔小学生版〕』（大和出版）が最もおすすめです。

この本は、主要な反対語200セットと、その関連語、約950語を収録しており、各ページの上段は意味の解説、下段は用法を学ぶための問題になっています。語彙力および言語技術の向上のための必携書であると言えるでしょう。ちなみに、多数の自著の中からおすすめを1冊だけ挙げるよう言われたら、必ずこの本を紹介するようにしています。

類義語も、反対語に負けず劣らず大切です。言葉というのは、場面・目的に合わせて**「言いかえる」**ことが欠かせません。

反対語辞典はあまり世に出回っていませんが（だからこそ私は先述の本を出しました）、類義語辞典はたくさん世に出ています。右記はほんの一例です。

ぜひ、大きめの書店に足を運び、わが子に、そしてあなたご自身に最も適したものを見つけてください。

ほかにも、次のような辞典を私は活用しています。

- 『字通』平凡社
- 『基礎日本語辞典』角川書店
- 『てにをは辞典』三省堂
- 『ベネッセ表現読解国語辞典』ベネッセコーポレーション

白川静氏が編纂した『字通』は、漢字辞典の王様とも言える存在です。大変分厚く高価ですが、できることなら持っておきたい1冊です（後述するジャパンナレッジにも収録されています）。

『基礎日本語辞典』は、一見単純な言葉に含まれるさまざまな概念的な違いを、丁寧な解説文と豊富な図で解き明かした1冊です。辞典というより、**「言葉の参考書」**といったところでしょうか。

たとえば、「貸す」の項目を見ると、「貸す」だけでなく「借りる」「返す」といった言葉と比較した図によって、その意味が分かりやすく説明されています。あるいは、「暗い」を引けば、「まっ暗」「暗い」「薄暗い」「明るい」などの意味範囲が図示されています。

『てにをは辞典』は、文を書く際に役立ちます。

たとえば、「着想」を引くと、「△が　浮かぶ。優れている」「△を　得る。書き留める」「▽する　アイデアを。新たなルートを」などと書いてあります（一部を抜粋して引用しています）。「着想が浮かぶ」「着想を得る」「アイデアを着想する」というように、助詞などとセットになった「用法」を知ることができるわけです。

『ベネッセ表現読解国語辞典』は、中学生・高校生に必須です（もちろん、小学生でも使えないことはありません）。その名のとおり、表現（アウトプット）と読解（インプット）

にすぐ役立つように意識して作られています。

これは、いわば「めりはりのきいた辞典」です。詳しく追求・解説されている**「重要語」**が、とにかく有益です。重要語のページは小さな哲学書の様相を呈しています。また、外来語や同訓異字の詳しい解説、接続語や助動詞などの機能語の解説も視覚的に分かりやすい工夫がなされており、さらには漢字字典としての内容もコンパクトに収録されています。

なお、こういった種々の辞典が多数詰まった**「電子辞書」**もあります。

もちろん、電子辞書は有益です。まずなにより、コンパクトです。

が、電子辞書というのは、実際に使ってみるとその機能をフルに使いこなすのはなかなか難しいことに気づきます。100種類の辞書が入っています、などと言われても「存在感がない」ため、存在を忘れてしまうのです。

やはり、有益な辞書は紙版でも持っておきたいものです。

◆ウェブを活用しなければ損をする

ウェブは、単にグーグル(Google)などで検索するだけでも、言葉の意味・用法、あるいはその他の関連情報を瞬時に引き出すことができますが、いつもいつも「ググる(ウェブで検索する)」だけでは、必要な情報に近づけない場合もあります。

そこで、次のようなサイトをはじめから利用することをおすすめします。

たとえば、**「ウェブリオ(weblio)」**(http://www.weblio.jp/)は、無料の「辞書サイト」です。600を超える辞典類を対象にして検索できますが、語彙力向上のためには、特に**「類語辞典」**と**「対義語・反対語辞典」**がおすすめです。ある言葉を入力すると、その言葉の「類語」「対義語・反対語」を瞬時に示してくれます。

一方、有料サイトとしておすすめするのは、**「ジャパンナレッジ(Japan Knowledge)」**(http://japanknowledge.com/)です。

月々定額の支払いが必要ですが、日本語のみならず、英語、ヨーロッパ言語、東アジア言語、あるいは歴史、時事用語、人名、文化、宗教、そして百科事典等々、種々の辞典をウェブ上でいつでも閲覧できます(コースにより使える辞典に差があります)。有料ならではの価値が詰まっています。

◆言葉の「使われ方」を調べるための秘密兵器

ウェブリオやジャパンナレッジは、あなたがウェブ検索を頻繁に行っている方であれば、ご存じだったかもしれません。

では、これはどうですか?

●少納言　KOTONOHA「現代日本語書き言葉均衡コーパス」

http://www.kotonoha.gr.jp/shonagon/

コーパスとは、言語研究のための大規模なデータベースです。専門家が研究のために開発しているものです。

右記のサイトは、「書籍・雑誌・新聞・白書・教科書・広報紙・ヤフー(Yahoo!知恵袋、Yahoo!ブログ)・韻文・法律・国会会議録」から抽出した約1億5000万語(2012年3月現在の数)を検索できます。国立国語研究所と文部科学省との共同開発によるものであり、無料で使えます。

その最大の特徴は、**その言葉の前文脈と後文脈を同時に調べられる**ということです。

たとえば、「同時」という言葉を検索した場合、この本の右の文から抽出されたのであれば、「……。その最大の特徴は、その言葉の前文脈と後文脈を〔同時〕に調べられるということです。……」というように出てくるのです。

つまり、その言葉が実際の媒体(本や新聞など)でどのように使われているのかを、瞬時に調べることができるわけです。これは、単に辞書を引いただけでは分からない情報であり、とても有益です。

なお、先述の『てにをは辞典』も、コーパスと同様の役目を一定程度、果たしていると言えます。

さて、どれか1つでも気になったものがあれば、さっそく使ってみてください。

わが子には難しすぎるんじゃないか、と思うものもあったかもしれません。

しかし実のところ、子どもの語彙力を決めるのは、ズバリ**「親の語彙力」**です（あなたが教師なら、教師の語彙力です）。

小さな子であればあるほど、子どもはまず親から言葉を学ぶのです。

うちの子はまだ小さいから……というのは、あまり説得力のない考え方ですね。

ぜひ、あなたご自身が言葉の勉強を楽しむつもりで、この本をお読みください。

そうすれば、お子さんにもおのずと、言葉に対する探究心がわき上がってくるでしょう。

さあ、準備は整いました。

スタートしましょう。

2

言葉は耳から入る！

「汚職事件」を「お食事券」だと思ってしまうというような笑い話がありますが、実際のところ、笑ってばかりもいられません。

耳から入った音声を意識的に受け止めることなく「スルー」してしまうのか。それとも、はたと立ち止まって文字にしてみようとするのか。

このような差は、大したことではないと思うかもしれません。

しかし、積もり積もると違ってきます。

語彙力の高い子と低い子の差は、こういったところからも生じてくるものなのです。

◆この習慣があるのとないのとでは大違い

新しい言葉を知るプロセスとして、私たちはどうしても**「文字」**を題材にした学びをイメージしがちです。

教科書を読んで、新しい言葉を知る。本を読んで知る。新聞を読んで知る。

そういったイメージが先行します。

しかし、実のところ、圧倒的に多く触れているのは**「音声」**です。

そもそも子どもは、他人（特に親）が話しているのを聞いて、あるいは他人との対話・会話をとおして、言葉を習得します。

対話・会話の対象の範囲は、年齢とともに広がります。

最初は親や兄弟姉妹などの家族ですが、徐々に先生や友だちへと広がり、さらには街中で出会う他人、あるいはテレビの中の他人へと広がっていきます。

そういった人々が発する音声を耳にしたとき、「ん？　今、なんて言ったんだろう？」と思うことがあります。

その瞬間、次のどちらに進むかで、語彙力の差が開きます。

① 文字だとどう書くのかは、気に留めない。面倒なので、調べない。
② 文字だとどう書くのかを、推測してみる。そして、面倒でも調べる。

たしかに、ほかに何かをしている最中など、手を止めて調べるのが面倒だと感じることはあります。

それでも、その面倒を乗り越えて調べるのです。

この当たり前の一歩を、まずはお母さんお父さんが率先して行うこと。

これが大切です。

その姿を見て、子どもも真似するようになります。

「ほら、調べなさい」と言う必要はありません。

お手本としての**「調べている姿」**を、さりげなく見せればよいわけです。

◆同音異義語をキャッチしよう

特に気をつけるべきは、**「同音異義語」**です。

日本語の特徴の1つは、漢語（中国語に由来する言葉）の同音語の多さにあります。

入試にもよく取り上げられる代表的な同音異義語を挙げてみます。

同音異義語チェックテスト

《レベル1》

①ショウスウで計算する
②欠席はショウスウだ
③イガイにうまくいった
④明日イガイの日に行こう
⑤転校生とサイカイした
⑥授業をサイカイする

《レベル2》

⑦植物にカンシンを持つ
⑧努力にカンシンする
⑨宿題からカイホウされた
⑩部屋の窓をカイホウする
⑪左右タイショウの図形
⑫タイショウ的な色合い
⑬女性をタイショウに話す

《レベル3》

⑭絵画をセイサクする
⑮家具をセイサクする
⑯真理をツイキュウする
⑰責任をツイキュウする
⑱幸福をツイキュウする
⑲商品の質をホショウする
⑳国の安全をホショウする

どれも、日常的に耳に入ってくる言葉です。

さて、答えは次のようになります。

①小数　②少数　③意外　④以外　⑤再会　⑥再開　⑦関心　⑧感心　⑨解放　⑩開放

⑪対称　⑫対照　⑬対象　⑭制作　⑮製作　⑯追究　⑰追及　⑱追求　⑲保証　⑳保障

2つだけ、解説しておきます。

〈相違点〉については、**『言葉に関する問答集　総集編』**（文化庁）などを参照しています。

⑭・⑮「セイサク」

〈相違点〉製作……主として実用的な物品の場合に用いる。

制作……主として芸術的な作品の場合に用いる。

⑲・⑳「ホショウ」

〈相違点〉保証……人・物について生じた欠陥が他人におよぼす損害の責任をとること。

保障……ある状態・地位※が害を受けないように守ることを約束すること。

※安全、自由、権利など。

少し難しいですね。

こういう相違点を考えるときの最重要ポイントは、**「観点の統一」**です（第9項参照）。

「セイサク」における実用性と芸術性は必ずしも反対語ではありませんが、「精神性の強弱」などと大胆に言いかえてみると分かりやすいかもしれません。

また、「ホショウ」のように相違点が難しい場合は、「身元の保証」「安全保障」など、定番の用語の書き方を覚えてしまうのが手っ取り早いでしょう。

実は今回の20問はいずれも、熟語のうちの漢字1字がそれぞれに共通していました（数、外、再、心、放、対、作、追、保）。

こういう熟語は意味も近い場合が多いため、その違いを明確に区別できるようになれば、それは価値の高いことだと言えます。

でも、それ以前に、「成果、生花、聖火、製菓、盛夏」のように、漢字に共通性もなく意味も全く異なる言葉から、まずは始めましょう。

こういう言葉が、たとえばテレビから流れてきたその瞬間に、**「今のセイカを漢字で書くと、どう？」**などと、わが子に問うのです。

耳から入る言葉に敏感な子に育てるには、まず、こういった習慣をつけることです。

さあ、さっそく、始めてみましょう。

3

体験を言語化する！

言葉の知識が豊富にある子は、おしゃべりなことが多い。

そんな気がしませんか。

「話す」というアウトプットが多いからでしょう。

大丈夫です。

もしお子さんがおしゃべりでなくとも、意識的に「書く」ことで、言葉の定着度を上げていくことができます。

ここでは特に、「心情語」（気持ちを表す言葉）について、その語彙を広げていく方法を、紹介します。

◆あなたのお子さんにも、こんなところがありませんか？

お子さんの語彙力不足を感じる場面にもいろいろあると思いますが、夏休みに書いた日記を目にしたときなどは、特に痛感することが多いでしょう。

「楽しかったです」「うれしかったです」「ちょっといやだったです」「いい気持ちでした」……こんな言葉でしか、心情を表すことができないわが子。

小学校低学年ならまだしも、高学年になってもまだ同じ調子だと、お母さんお父さんもだんだんと困惑しますよね。

あるいは、物語文の読解問題。

記述式の答案ではもちろんのこと、選択式でも、「まさか」という場面があります。

たとえば、**「――部における人物の気持ちを選びなさい」**といった設問。

選択式だから簡単かと思いきや、そこに書かれた心情語そのものを知らないため、手も足も出ないというパターンがあるのです。

「いたたまれない」「やりきれない」「ねたましい」「気がおけない」等々、大人ならばさほど苦労せず使い分けられる言葉も、子どもにはちんぷんかんぷん、ということが多々あるわけです。

◆言語化する機会を増やす、とっておきの方法

では、大人と子どもの間にある語彙力の差とは、いったいどこから生じるのでしょうか。

それはズバリ、体験を言語化した総量の差です。

たとえば、次のようなできごとがあったとします。

「家を出たあとで忘れ物に気づいたが、しかたなくそのまま目的地に向かった。その後、着いてから確認したら、実はちゃんと持っていたことに気づいた」

日常的にいくらでもありそうなできごとですが、それを言語化するかどうかで、差が生じます。

ここで言う「言語化」とは、**「書く」**こと、または**「話す」**ことを意味します。

簡単なのは、話すことです。

たとえば次のように。

「さっきさあ、今日の発表で使う書類、持ってくるの忘れたと思って焦っちゃって。で、取りに戻ろうかと迷ったんだけど、早くしないと遅刻しちゃうでしょ。だから、あきらめて

会社に来たんだ。でも、よく見たら、カバンの奥のほうに隠れて入ってってね。ほっとしたよ～」

生きている年数が増えれば、こうした言語化の総量も増え、語彙も自然に拡大していきます。

でも、この本は「自然に」ではなく**「意図的に」**語彙を拡大するための本です。

では、どうすればよいのでしょうか。

簡単なことです。

まず、**おしゃべりになる**ことです。

今の例で言えば、書類はリコーダーに、会社は学校に、カバンはランドセルになるでしょう。それを、友だちに話す、帰ってから兄弟姉妹に話す、親に話す。

そういうことを積極的にできる子は、言語化の総量が日々蓄積していきます。

いやいや、わが子はもともと消極的で静かなタイプだし、おしゃべりなんかじゃないから無理……といった声も聞こえてきます。

そういう場合は、話すのではなく、書けばよいのです。

ラクに取り組める方法があります。

「一文日記」です。

◆「一文日記」に取り組んでみよう

ところで、お気づきでしょうか。先のセリフの中に、心情語が4つ出てきました。「焦る」「迷う」「あきらめる」「ほっとする」。

こういう言葉を無意識に使うのではなく、意識的に使うことができたら、どうでしょうか。

それは、体験の「量」に依存しない、**「質」**の領域に入ることを意味します。

実は、単におしゃべりなだけではダメです。単に日記を書くだけでもダメです。

大切なのは、意識です。

そこで、意識的に心情語を使うための「一文日記」を紹介しましょう。

その型は、単純です。

【事実(できごと)】+**【心情(気持ち)】**

たったこれだけです。
具体例を示します。文の後半を埋めてみましょう。

（例）弟ばかりが可愛がられていることに対して、［　　　］。
↓　うらやましく思った

簡単ですね。
実際に取り組むとき、なるべく気をつけたい点が1つあります。
それは、意味の広すぎる言葉、ありきたりな言葉を避けるということです。
そのために、たとえば次のようなNGワードを決めておくとよいでしょう。

《NGワードの例》
いい気持ち　いやな気持ち　変な感じ　嬉しい　楽しい　面白い　つまらない
もちろん、どう考えても「楽しい」がぴったりの言葉だ、といった場合もあるでしょう。

そういうときは、修飾語を添えて使うようにします。「時間を忘れるほど楽しかった」などと。「楽しくて興奮してしまった」などと、他の心情語を添えるのもよいでしょう。

また、「わくわく」「どきどき」「うきうき」「いらいら」といった繰り返し言葉も、できるだけ避けたいところです。

私は、授業ではよくこう伝えています。

「繰り返し言葉に頼るのは小学4年生までにしなさい。それ以上の子は、何か別の表現を探しなさい」と。

これは特に、**物語文読解問題（記述式設問）**の対策としての指導です。

読解問題集や模試の解答例を、あらためて見てみてください。

こういう言葉が使われている解答例は、きわめて少ないはずです。

話し言葉よりも書き言葉としての語彙を、多く身につけたいものです。

◆この「型」を活用すれば語彙力がグンとアップ!

さて、それでは練習問題を少し紹介しておきます。このページをコピーして使うのではなく、ノートに書かせるようにしてください。ちゃんと文の頭から書くことが大切です。

なお、本来はお子さん自身の実体験をもとにして書くべきだということは、言うまでもありません。

《練習問題》次の各文の空欄を、心情語を用いて埋めなさい。

① 応援している野球チームが10連敗していることに対して、□。
② 好きな人の前で大失敗をしてしまい、□。
③ 自分が取りつけた花飾りをお客さんがほめてくれたので、□。
④ あと5点で100点だったことで、嬉しいというよりむしろ、□。
⑤ これまで仲が悪かった友だちが突然手助けしてくれたことに、□。
⑥ 忘れ物を届けてくれたお母さんに、□の気持ちがわいた。
⑦ 何度も何度もやってみて、ようやくうまくいったことで、□が増した。
⑧ ずっとほしかった物がようやく手に入り、□。
⑨ 試合前に友だちが励ましてくれたことによって、□が消えた。
⑩ 1週間の旅行が終わり地元の駅に着いたとき、不思議な□を覚えた。
⑪ 友だちに借りたマンガの本がどれだけ探しても見つからないことに、□。

⑫ 待ち合わせの時間に遅れて迷惑をかけてしまったことに対して、□。

⑬ いじめを見かけたが見て見ぬふりをしてしまった自分に、□。

⑭ 友達とケンカをし仲直りできずにいる自分に、□。

⑮ 自分の発表の順番がせまってきたことで、□。

心情語が思いつかない場合は、次の中から選んで活用してみるとよいでしょう。

> 罪悪感　達成感　不安感　安堵感　緊張感　情けなさ　いら立ち
> 悔しい　後ろめたい　誇らしい　恥ずかしい　感謝　焦り　満足　意外

解答例は、次のようになります。

① いら立ちを感じた　② 恥ずかしい思いをした　③ 誇らしく感じた

④ 悔しい思いをした　⑤ 意外な感じがした　⑥ 感謝　⑦ 達成感

⑧ 満足できた　⑨ 不安感　⑩ 安堵感

⑪ 焦りを感じた　⑫ 罪悪感がわいた　⑬ 後ろめたい気持ちになった

⑭ 情けなさを感じた　⑮ 緊張感が増した

もちろん、ほかにも言葉は多々入りうるでしょう。

この本の巻末に収録した**「心情語一覧」**を活用すれば、他の例も浮かんでくるはずです。

なお、⑩の場合、「安堵感を感じた」などとしてしまいそうですが、「～感を感じる」というのは重複表現ですから、避けるようにしましょう。

基本的には、「～感を覚える（抱く）」などとします。

「事実＋心情」という型は、物語文読解の記述式設問に答える際に不可欠となる技術です。

「一文日記」の練習を重ねれば、心情語を覚え、意識的に活用できるようになると同時に、読解問題の対策にもなります。

一石二鳥の「一文日記」。

ぜひ実践を。

4

体験の量が、言葉の量につながる！

辞書を引くたびに、忘れてしまう言葉があります。
辞書には、線が引いてある。
どうやら、以前一度調べたらしい。
でも、意味をすっかり忘れていて、また調べてしまった。
こういうことは、なぜ起こるのでしょうか。
減らすことはできないのでしょうか。
その本質的な解決策は、やはり「体験」にあります。

◆「知っている」の背景は2種類ある

お子さんは、スズメを知っていますか。

もちろん、知っていますね。毎日のように、見ているでしょう。

カラスは？　これも、同じように知っているはずです。

では、ダチョウは？　ハゲタカは？　プテラノドンは？

知っているには、知っている。でも、実際に見たことはない（プテラノドンに至っては、世の中の誰も、見たことがない）――。

同じ「知っている」のレベルにも、違いがある気がしませんか。


言葉というのは、**なんらかの対象（モノ・コト）を指し示す記号**です。

ならば、言葉を知っているというのは、その対象を知っているという意味になります。

しかし、「知っている」にも2種類あります。

第1に、**「体で知っている」**。

体というのは、ここでは五感を意味します。視覚・聴覚・嗅覚・味覚・触覚です。

たとえば、酸っぱいものを何種類か食べたり飲んだりした味覚的体験を持っている人は、「酸っぱい」という言葉の意味範囲（指示対象）を、体験的に「知っている」ことになります。そこには、「酸っぱさ」のリアルなイメージがあります。

また、カラスの鳴き声を実際に聞き、聴覚的体験を得ている人は、「カーカー」という擬音語の意味範囲を、リアルにイメージすることができます。人間が鳴き真似をしても、ニセものだとすぐ区別できます。

第2に、**「頭で知っている」**。

その筆頭は、「理性」「相対的」「たしからしさ」などといった、あいまいで抽象的な概念を「知っている」状態です。

具体的な説明はできるにせよ、姿・形を備えたモノとして具体化することは難しい。

それが、概念です。

次に、擬似体験をとおして「知っている」状態です。

たとえば、「プテラノドン」を描いたイラストや映像などを見て、擬似的ながら視覚的体験を持っており、「プテラノドン？　ああ、あれのことでしょ、知ってるよ」と言う。

あるいは、実際には雪を見たことも触ったこともない人が、雪にまつわる文章を読むなどして、視覚的・触覚的体験を擬似的ながら持っており、「雪？　ああ、あの真っ白で冷たいものでしょ、知ってるよ」と言う。

このように、私たちの言葉の知識というのは、実体験に近いか遠いかで大きく二分できます。

「体で知っている」ことも、「頭で知っている」ことも、どちらも大切です。

特に、「頭で知る」というのは、人間ならではの特権です。人間ならではの抽象的思考というのは、この「頭で知る」ことによってこそ、成り立ちます。

しかし、「体で知っている」言葉が多ければ多いほど、その知識はよりたしかなものになると言えます。抽象的な言葉は、具体的な言葉の積み重ねによって（帰納的に）つかむしかないことが多いのです。

野球もサッカーも水泳も柔道もマラソンも知らない人が、「スポーツ」という、より抽象的な言葉の意味をつかむことは難しいでしょう。

もし、実際のスポーツを何もしたことがなく見たこともない人が「スポーツ」について語るとしたら、それはリアリティの薄い説明になるに違いありません。

頭で知る前に、まずは体で知ることが大切です。

直接的な実体験が無理ならば、せめて、間接的・擬似的な体験を積むようにしましょう。体験的知識の総量が、語彙力を底上げするのです。

◆大切なのは「リアルな体験」

話がやや抽象的になりました。少し具体例を示します。

お子さんは、次の各文の――部の言葉の意味を、どこまで「体験的に知っている」でしょうか?

①なんとも風情のある光景だね。
②あまり波風を立てたくないから、黙っていたんだよ。
③もうちょっとリーダーシップを発揮して頑張れ。
④それは、義務ではなく権利です。
⑤なんだか、裏切られた感じがするなあ。
⑥そんなに悔やむこともない。負けるが勝ちだよ。

①は、「風情のある」光景を実際に、または擬似的に体験しているかどうかで、「知っている」のレベルが変わります。

②は比喩です。風は誰でも体験しているでしょうが、波はそうでもありません。ぜひ、お子さんを海へ連れて行き、波というものを実体験させてみてはいかがでしょうか。そのとき初めて、「波風を立てる」の意味をリアルにイメージできるはずです。

③は、実際にリーダーを体験するか、リーダーを近くで見るか。そういう体験が有意義に働くでしょう。

④は、「赤信号は義務、青信号は権利」などと日常的な例を示すことで、体験的知識に近くなります。

⑤・⑥も、裏切る・裏切られる体験、一時的には負けてもある大局的には勝っているような体験を、それぞれ実際に得ることが、理解への近道です。

①・②は、自然との関わりです。③〜⑥は、社会（または人間個々）との関わりです。

リアルな自然体験、リアルな社会体験。

これが、語彙力アップの前提なのです。

5

辞書を引いても言葉をうまく使えないのは、なぜか？

子どもたちの間で「辞書引き」が流行し始めてから、ずいぶんたちました。

多くの子が、付箋だらけの分厚い辞書を持っています。

辞書を引き、言葉を調べ、調べた痕跡を残す。

大変素晴らしいことです。

しかし、それほど調べている割に、調べた言葉をうまく使うことができていない印象がありませんか。

その一因は、「ニュアンス」にあります。

◆この表現、どこかおかしくありませんか？

ある生徒が、こんな文を書いてきました。

「お父さんが、ぼくをろこつにほめてくれました」

なんでこうなったのかたずねたところ、その子はこう答えました。

「前に露骨っていう言葉を辞書で引いたら、気持ちをありのままに外に出すこと、って書いてあったから。お父さんが思いっきりほめてくれたのが嬉しかったから」

その子は、いたってまじめに書いたそうです。

「知らない」とは、こういうことです。

言葉には、ニュアンスというものがあります。

ニュアンスとは、微妙な意味合い、あるいは、意味の微妙な差異のことです。

ニュアンスにもいろいろな要素がありますが、今の「露骨」の例は、その微妙な差異の中でも、特に**「プラス・マイナス」**の差異が該当するでしょう。

「露骨」を辞書で引くと、たしかに、感情を隠さずに表すといった意味が書かれています。

しかし、それを真に受けて使うと、先のような失敗が生じます。

「露骨」という言葉は、通常、マイナスの意味合いで使う言葉です。

露骨に苦情を言う、露骨に金の話ばかりする、対抗心を露骨に表す、などと。

普通、「露骨にほめる」というようなプラスの意味合いでは使いません(兄弟の片方を露骨にほめたらもう片方が傷ついた、というような使い方は想定されますが、この場合も結局はマイナスの意味で使われています)。

また、「はびこる」などという言葉も、マイナスの意味が強い言葉です。

辞書によっては、「よくないものの勢いが盛んになること」などと最初からマイナスの意味合いが書かれていますが、「勢いが盛んになること」しか書かれていない辞書もあります。

「雑草がはびこる」などと使うならよいのですが、不親切な辞書1冊だけを頼りにしていると、「桜の木には、花びらがはびこっていた」などと使ってしまう可能性がないとも言えません。

こういった言葉について、大人は、「普通はマイナスの意味で使う」というニュアンスを体験的に知っていますが、子どもはそういう面で未知の領域が広いわけです。

社会におけるこうした常識的なニュアンスを大人が教えてあげることが、子どもの語彙力を意図的に伸ばすための1つの方策であると言えるでしょう。

◆言葉の裏に隠された「ニュアンス」を読み取ろう

2語をくらべると、プラス・マイナスのニュアンスがより浮き彫りになる場合があります。

まずは、次の2つを読みくらべてください。

① ばかなことを言ってしまった、と後悔した。
② これからはもう少し言葉を選びながら話すようにしよう、と後悔した。

②は、若干の違和感が残ります。「後悔」よりもふさわしい言葉があるのです。お子さんと一緒に考えてみましょう。答えの前に、もう1問。

次の③から⑥のうち、違和感が残るものを1つ選んでください。

③徒競走の途中で靴が脱げたせいで最下位になり悔しがる彼に、同情した。
④徒競走の途中で靴が脱げたせいで最下位になり悔しがる彼に、共感した。
⑤徒競走で練習以上の走りができて1位になり喜んでいる彼に、同情した。
⑥徒競走で練習以上の走りができて1位になり喜んでいる彼に、共感した。

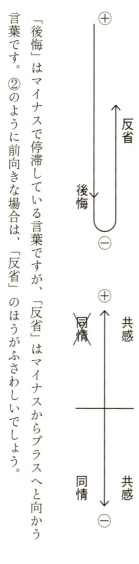

さて、答えです。
最初の問いでは、「後悔」を「反省」にしたほうがよいでしょう。
次の問いでは、⑤に違和感が残ります。

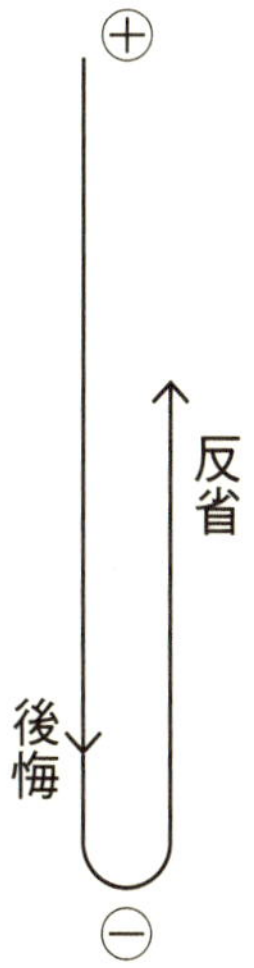

「後悔」はマイナスで停滞している言葉ですが、「反省」はマイナスからプラスへと向かう言葉です。②のように前向きな場合は、「反省」のほうがふさわしいでしょう。

「共感」はマイナスの場面でもプラスの場面でも使うニュートラルな言葉ですが、「同情」は「かわいそう」と思うことであり、通常マイナスの場面でしか使いません。⑤のように、「喜んでいる人に同情する」という使い方は、一般的ではないのです。

ほかにも、ニュアンスを感じる例は多々あります。

たとえば、「被害者の男性は、容疑者の男に棒のようなもので殴られ……」などといったニュースの文面も、ニュートラルな意味の「男性」と、マイナスの意味の「男」とを使い分けており、興味深いですね。

このように、言葉には、辞書的意味に表れにくいニュアンスがあります。

大切なのは、辞書に載っている複数の用例を、そこに隠されたプラス・マイナスの方向性に注意しながら、丁寧に読むことです。

第1項で述べた**「複数の辞書を引くことの価値」**は、こういうところにもあるわけです。

6

漢字の部首に注目する！

「大人になる」とは、どういうことでしょうか。
その１つの答えは、「抽象的思考ができるようになる」ということです。
言いかえれば、「抽象語を使いこなせるようになる」ということです。
そして、日本語における抽象語は多くの場合、熟語で表されます。

こういった言葉を使いこなせるようになるために欠かせないこと。
それは、漢字の意味をとらえること。
そのためには、まず、「部首」に注目することです。

◆これを意識するだけで、たくさんのことが見えてくる

ひらがな・カタカナと漢字の最大の違い。

それは、1文字で意味を運べるかどうかです。

漢字には意味があります。そして、多くの部首は、漢字の意味を支えています。

ここでは、いくつかの重要な部首を知るとともに、漢字を意味で分類することの大切さを実感してほしいと思います。

お子さんには、それぞれをノートにまとめていくよう伝えてください。

さて、まずは「見」（みる）です。

見

主な字……視・覧・覚・親・観・規

「明らかに（はっきりと）認識する」という意味を持った部首です。

たとえば、「覚」という字がつく熟語を考えます。

部首から浮かび上がる意味

- **「自覚」** 自分の状態をはっきりと分かっているようす。→見えている
- **「覚悟」** 未来のマイナス要素を予想し、受け止めるようす。→見えている
- **「不覚」** 意識がはっきりしていないようす。思わず。→見えていない

「立場を自覚する」というのは、つまり「立場を見る」ことです。

「覚悟はできている」というのは、「未来の危険や損失などが見えている」ということです。

「不覚にも泣いてしまった」というのは、「泣きそうな自分が見えなかった」ということです。

また、「観」については**「観察」「楽観・悲観」「主観・客観」**など多くの重要な抽象語がありますが、どれも、「見る」が基本の意味ですね。

ちなみに、「主な字」に挙げていない「現」という字の部首は「玉（たまへん）」に分類されますが（一部の学習参考書などでは「おうへん」とも）、この字における「見」は音と意味の両方を兼ね備えているため、「現」もまた「見る」が基本の意味になっています。

「現在」は、過去・未来とは異なり〝見えて〟いる時間。**「出現」**は見える状態になること。

「表現」は見える状態に表すこと。「現象」は見えている姿・形——といったところです。

次は、「辶」（しんにょう・しんにゅう）です。

辶

主な字……道・進・通・遠・追・運・送・途・退・返・巡

この部首は、**「道を進む」「移動する」**といった意味を持っています。

たとえば、「途」という字がつく熟語を考えます。

部首から浮かび上がる意味

●**「途上」**目的地に行く途中。　↓　進んでいく道の上

●**「途方」**向かう方向。方法、手段。　↓　進んでいく道の方向

●**「前途」**行く先。将来。　↓　進んでいく道の前のほう

「発展途上国」「途方に暮れる」「前途は有望だ」など、なじみのある言葉が多いですね。どれも「道を進む（進む道）」という意味でつながっています。

「運」はどうでしょう。

「運動」「運搬」などは、体や物の「移動」という意味でつながっています（なお、**「運送」**については、運と送、どちらの字も「辶」です）。

「幸運・不運」は、よい方向へ進むのか、悪い方向へ進むのか、といった意味合いでしょう。

なお、「運がよい」などというときの「運」は、「巡り合わせ」を意味します。そして、「巡る」という字に注目してください。やはり、「辶」です。

次に、「糸」（いと）です。「糹」（いとへん）の形でも、よく登場します。

糸

主な字……紙・経・続・結・組・絶・絆・総・系・累・索

この部首は、**「つながり」**の意味を持っています。

「糸」という字は糸たばをかたどった象形文字であり、そもそも「連なる」「つながる」といった意味合いを持ちます。

さて、例として「系」という字がつく熟語を考えます。

部首から浮かび上がる意味

●**「体系」**まとまった知識・組織などの全体。　↓　全体のつながり

●**「系列」**順序立てられたものごとの配列。　↓　順序立ったつながり

つながりを意味する「系」という字は、**「太陽系」「文系・理系」「家系」**など、身近なところで使われています。**「体系」「系列」**あるいは**「系統」**などという抽象語の意味を理解するための具体例として、参考にできるでしょう。

また、「結」を用いた**「結果」「結論」**などの言葉は、一連の論理的な「つながり」の最後の部分を意味しています。

さて、最後に「心」（こころ）です。

「忄」（りっしんべん）の形でも、よく登場します。

数は少ないですが、「⺗」（したごころ）という形をとることもあります（「慕」など）。

心

主な字……情・性・悔・応・恥・感・思・意・想・態

言わずもがな、**「心」**の意味を持つ部首です。

たとえば、「意」を用いた熟語を見てみましょう。

部首から浮かび上がる意味

●**「意向」** どうするかについての考え。 → 心の向き

●**「不本意」** 自分の本当の気持ちと違っていること。 → 本心ではない

ほかにも、**「意味」「意識」「意志」**など、よく使う言葉にも「意」は多用されています。

「意味」とは、言葉※の内側にあるものです（※広義には絵や音楽なども含む）。その言葉を発する人の心の内側の考え（＝意）と、その味わいとの合わさったものだととらえることができます。

言葉は外側にある「形式」であり、意味は内側にある「内容」です（コップと水の関係を想像すると分かりやすいでしょう）。

そもそも心というものは、内側にある無形の存在です。
「心」のつく字は、原則として、そういった無形の概念を表すものなのです。
さて、部首をもとにした抽象語の理解について述べてきました。

部首を意識すれば、知らない漢字の意味も推測できます。

ここまでに例示した言葉の中には、お子さんが知らない熟語もあったかもしれませんが、部首に注目して漢字の意味を大まかにとらえ、それをもとに熟語の意味を考えれば、さほどズレのない理解ができるのです。
漢和辞典・漢字辞書をいつもそばにおいて、役立てるようにしましょう。

7

名詞は〈抽象・具体〉で分類する！

「名詞とは何か」と問われたら、普通の人は、「ものの名前」と答えるでしょう。
それは、おおかたは正しい答えです。
しかし、もっと大切なのは、「名詞は文の主語（主題）になる」ということです。
「何がどうした」といった文の、「何が」の部分です。
名詞が支えになって、文の存在価値が生まれます。
しかし、名詞は無数・無限に存在します。
そんなものに整理のしかたなどあるのでしょうか。
ここでは、そのあたりを説明します。

◆長文読解でつまずく子の共通項

国語の長文読解、特に説明的文章の問題が苦手なお子さんのお母さんお父さんから、よく次のような話を耳にします。

「うちの子は、よく知っているテーマの文章だとけっこう正解するんですけどね、まったく知らないようなテーマだと、もう手も足も出ないんですよ」

ここで言うテーマとは、その文章の中心になる話題のことです。

昆虫の生態について述べた文章ではかなり得点できたのに、自然環境についての文章ではダメだった男の子。

友だちとの関わり方がテーマだったときはよく理解できたのに、デジタル社会を批判した文章のときは理解が今ひとつだった女の子。

そういうこと、よくありますよね。

一定の思考力（思考技術＝形式）を持っていても、文章のテーマ（内容）があまりに知らないものだと、歯が立たない。

この根本的な原因は、ひとことで言えば**「無知」**にあります。

それは、とりわけ**「名詞」**を知らないということです。

前項で出てきた「観察」「途上」「体系」「意向」などという抽象語も名詞ですが、ここでは、特に具体的な名詞について述べます。

もちろん、具体的な名詞というのは無限・無数に存在します。

ここで述べるのは、その具体的な名詞をいかにして分類・整理すれば、より効率的に知識を増やしていけるのかということについてです。

◆分類の基本は、こうなっている

次ページの図をごらんください。

これは、動物を分類した図です。

内容そのものではなく、形式に注目してください。

「動物」という抽象的な言葉の下（内側）に、「哺乳類」をはじめとした言葉があり、さらにその下（内側）に、それぞれの具体例がある。

この、〈抽象・具体〉による分類が、あらゆる分類の基本です。

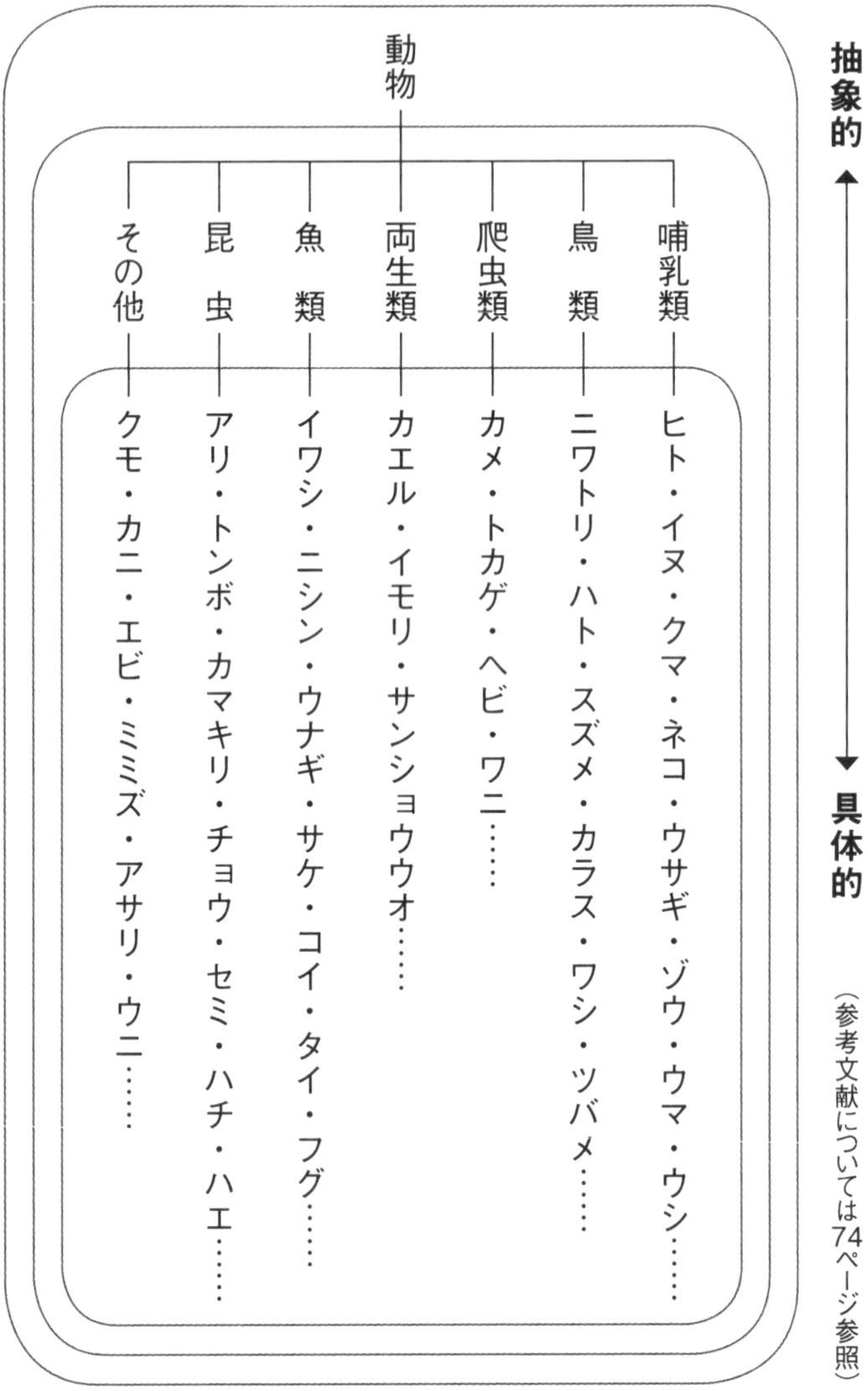

（参考文献については74ページ参照）

この本における〈抽象〉〈具体〉という表記は、「抽象的なもの」「具体的なもの」という意味です。

抽象的とは、簡単に言えば、絵に描きづらいようなイメージです。

一方、**具体的**とは、絵に描きやすいようなイメージです。

あるいは、「抽象的とは意味が広いこと、具体的とは意味が狭いこと」とも言えます。

「分類」においては、抽象的な言葉を「上位語」、具体的な言葉を「下位語」と呼ぶこともありますが、そうした「上・下」の表現よりも、「広い・狭い」という表現のほうが本質的です。

図に書かれた枠組みは、この**「意味の広さ」**を表しているわけです。

◆名詞が出てきたら、この「問いかけ」をしてみよう

こうした「分類の系統図」が最初からあれば、名詞の知識を広げるのは難しいことではありません。そのいくつかはのちほど紹介します。

とはいえ、なんらかの名詞を知ったとき、その抽象的な全体像が最初から分かるはずもありません。

ですから、なんらかの名詞を1つ知ったら、次のような問いを投げかけましょう。

①「なんの一部？」……抽象化させる問い
②「ほかにどんな例がある？」……具体化させる問い

たとえば、「リコーダー」が話題にのぼっているとします。

ここで、①のパターンで問いかけます。

「リコーダーって、なんの一部？」

分かりづらいようであれば、「消しゴムは、筆記用具の一部でしょ」などという例を挙げ、「抽象化」の意味を類推させます。

ここでは、「管楽器の一部」というのが理想です。知らなければ、教えます。知らないものは考えても出てきませんから、教えてしまいます。

もちろん、単に「楽器の一部」という答えも出るでしょう。

そのときは、「もう少し意味を狭くした言い方、知ってる？」などと問います。

あるいは、「楽器の一部という答えは、消しゴムを、筆記用具の一部じゃなくて文房具の一部と答えているようなもんだよ」などと伝え、意図的に思考させます。

抽象化とは意味を広げることですが、なるべく狭い枠組みにしぼり込まれるように広げる（狭めながら広げる）ことが大切です。

そのためには、リコーダーだけでなく、トランペットなど他の楽器を同時に例示するとよいでしょう。消しゴムだけを抽象化させず、鉛筆・消しゴムを同時に抽象化させれば、「筆記用具」と言える可能性は高まりますね。

さて、「管楽器」が出たら、②のパターンで次のように問います。

「管楽器には、ほかにどんな例がある？」

トランペット、フルート、クラリネットなどが挙げられるでしょう。知らなければ、教えます。あるいは、お子さんと一緒に調べます。

さらに、「管楽器のほかに、楽器にはどんな種類がある？」などと問えば、さらに知識は広がっていきます。

こうして、先に挙げた動物の例のような系統図を作っていきます。

もちろん、その分野における専門家でない限り、一部しか作れないはずですが、それでもよいのです。そうやって図を作っていくプロセスにおいて、ちゃんと成果は得られます。

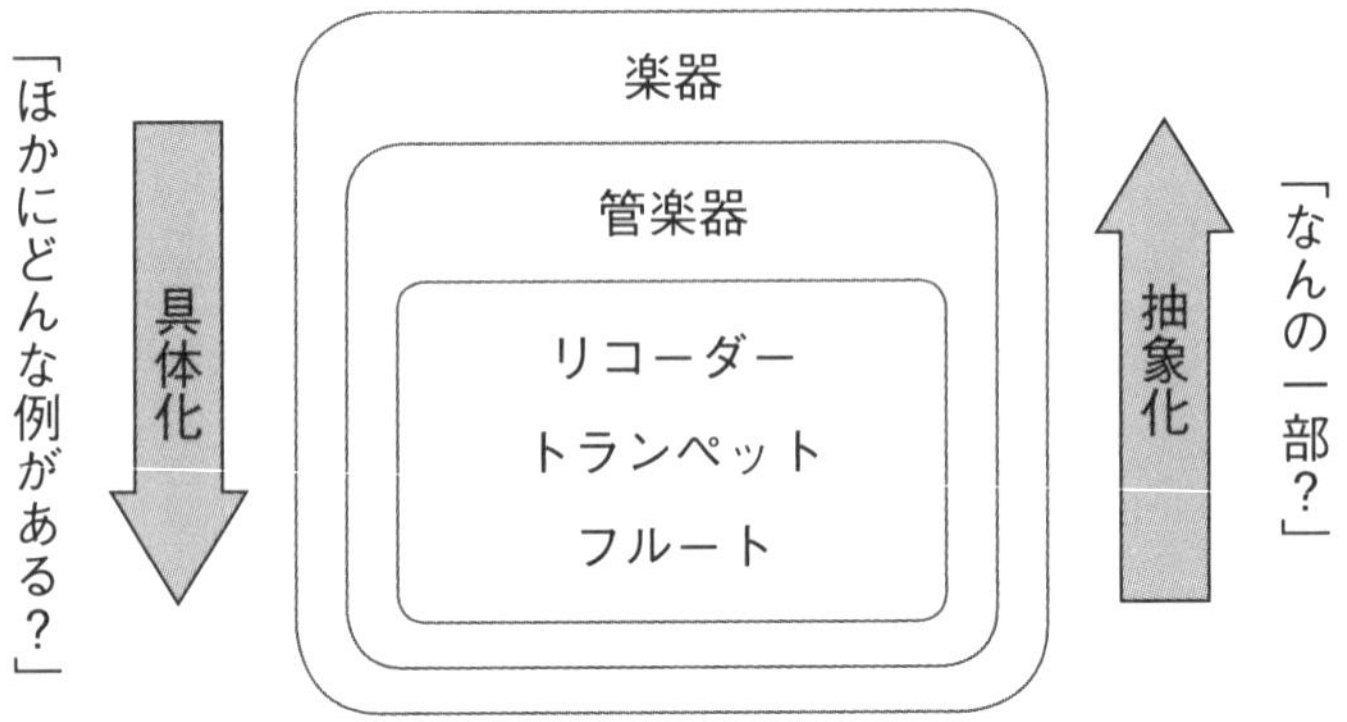

その成果とは、**「何を知らないのかを、知ることができる」**ということです。

管楽器は知っていたけど、弦楽器は知らなかった。楽器については、ほとんど知らなかった。

そのような認識が生まれたとき初めて、「自分で調べてみよう」という意志が芽生えます。

「リコーダー」は知っている。「フルート」も知っている。でも、それらが「管楽器」に分類されることは、知らなかった。そういうことも、あるでしょう。

言葉というものは、他の言葉との関連性の中で認識してこそ、「知っている」と言えるのです。その関連性の1つが、ここで説明してきた、**「抽象・具体の関係」**です。

なお、リコーダー・トランペット・フルートの間の関係は、**「並列関係」**と言います。

どちらの関係も重要です。

◆さまざまなジャンルの分類を知っておこう

ここで、さまざまな系統図の入手方法について、いくつか紹介しておきます。

まず、ここまでに例示した「楽器」については、ウェブで「楽器の分類」などと検索すれば、網羅的な情報がすぐ手に入ります。ただ、楽器の分類はその方法が多種多様なので、どれが標準的な分類なのか迷います。そんなときは、『ふくしま式「小学生の必須常識」が身につく問題集』（大和出版）をご参照ください。楽器のみならず、他のさまざまな知識のつながりを、最適な範囲で分かりやすく紹介しています。

次に、意外と盲点だと思われるもの。

それは、図書館でよく目にする分類、**「日本十進分類法（NDC）」**（日本図書館協会）です。

最も抽象的なカテゴリーは、次の10種類です。

実際は、これらがさらに細分化されています。

00総記	10哲学	20歴史・世界史・文化史		30社会科学	
40自然科学	50技術・工学	60産業	70芸術・美術	80言語	90文学

また、スポーツを分類するなら、**「体育・スポーツ分類表」**（日本体育大学図書館）が参考になります（http://library.nittai.ac.jp/info/info06_02.html）。

職業については、**「日本標準職業分類」**（総務省）が網羅的です（http://www.soumu.go.jp/toukei_toukatsu/index/seido/shokgyou/kou_h21.htm）。

そして実は、何よりも言葉が網羅されていると言えるのは、『**分類語彙表**』（国立国語研究所）です。あらゆる語彙を分類したこの1冊は、やや高価ですが、持っておいても損はないでしょう（68ページの分類表も、この本を参考に作成しました）。

ところで、何回か書いた「知識」というものは、「言葉」とは違うものなのでしょうか。

次はこのあたりについて、**「対比関係」**を軸に、説明していきます。

8

語彙力とは、「区別力」である！

語彙および語彙力という言葉はあまりに一般化しており、一人歩きしている印象があります。

その本質的な意味を知らぬままに使っている人も、多いはずです。

語彙とは何か、知るとはどういうことかについて、ここで簡単におさえておくことにしましょう。

◆「言葉を知っている」ということの本当の意味

語彙の彙という字、難しいですね。

この字は、ハリネズミが身を丸めている形に由来します（『字通』平凡社）。針のような毛がたくさん集まっている様子から、「集まる」という意味につながったようです。

つまり、語彙とは**「言葉の集まり」**という意味です。

平たく言えば、語彙力とは、**「言葉をどれだけ多く知っているか」**ということになるでしょう。

なんだ、当たり前のことじゃないか。

そうお思いになるかもしれません。

では、「知っている」とはどういうことなのでしょうか。第4項でも述べたテーマですが、また別の角度から考えてみましょう。

「知っている」の意味を考えるために、まずは**「知らない」**の意味を考えることにします。

「スズメは知っているがハトは知らない」という幼い男の子がいたとします。

男の子の前に、今、ハトが舞い降りてきました。

男の子は、こう言いました。

「うわあ、大きなスズメだね！」

これは、受け取りようによっては詩的な表現だと言えるかもしれませんが、要は、ハトとスズメの区別がついていないのです。

単に無知だということです。


「知らない」とは、区別できない状態。

「知っている」とは、区別できる状態。


単純に言えば、そういうことになります。

ハトの話と同じような例は、いくらでも考えられます。

スリッパを、サンダルと呼んでしまう。

動物のぬいぐるみを、人形と呼んでしまう。

窓が開いていたよ、と言うべきところで、ドアが開いていたよ、と言ってしまう。
ウェブ上の動画を、テレビと言ってしまう。
腕が筋肉痛のとき、手が痛いと言ってしまう。

こういう例は、枚挙にいとまがありません。

図をごらんください。

「言葉を知っている」というのは、似た意味を持つ他の言葉との境界線をはっきりさせることだ、ということが分かるでしょう。

そして、「言葉の知識を増やす」つまり「語彙力を伸ばす」とは、この**境界線を増やしていくこと**なのです。

◆肝心なのは「相違点」を明確にできるかどうか

他の例でも見ておきましょう。

まず、「野球」を思い浮かべてください。

次に、「ソフトボール」を思い浮かべてください。

さて、両者のイメージに違いがありましたか？

最低限、次のような違いは浮かんだでしょう。

野球はボールが小さめだが、ソフトボールは大きめだ。

野球はピッチャーがほぼ上投げだが、ソフトボールは下投げだ。

でも、それだけでしょうか。それ以外は同じですか？　実は、まだいろいろあります。

野球はイニング数が通常9回までですが、ソフトボールは7回までです。

野球は塁間が長めですが、ソフトボールは短めです。

野球ではランナーがリードできますが、ソフトボールではリードできません。

こうした相違点を多く知っていればいるほど、野球とソフトボールの間の境界線がはっきりしているということになります。

それは、野球という言葉の意味とソフトボールという言葉の意味とを区別し、二つの言葉を使い分けることができる、ということです。

キーワードは、「区別」です。

分けること。境界線を入れること。相違点を見つけること。

この相違点のことを、言語学では**「差異」**と呼びます。

そして、言語学の祖・ソシュールは、言葉の意味は差異によって生まれると主張しています。

言葉と言葉の間に差異を見出すこと。区別すること。

似ているけれど、違っている。相違点はどこにあるのか。

この相違点を明確にできる力、いわば**「区別力」**こそが語彙力であり、相違点を明確にして使い分けることのできる言葉の数を増やすことが、語彙力を伸ばすということなのです。

◆「点」ではなく「線」で、言葉をとらえるようにしよう

こう思う方もいるかもしれません。

スズメとハトを区別する、野球とソフトボールを区別すると言うけれど、うちの子は、そもそも区別する以前の段階で無知なんです。スズメレベル、野球レベルの簡単な言葉を、それぞれ、知りません。ハトと区別、ソフトボールと区別といったレベルに到達する以前の問題なんです――。

もちろん、そういう場合には、まずスズメを知る必要がありますし、野球を知る必要があります。

目の前の鳥、目の前のスポーツを指し示しながら、「これをスズメと呼ぶんだよ」「これを野球と言うんだよ」と教えていく。水をあげなくてもいい花を不思議そうに見ている子に対し、「これは造花って言うんだよ」と教えていく。あるいは、日本記録を塗り替えたスポーツ選手がはつらつとインタビューに応じる姿をテレビで見たら、「誇らしげな表情というのは、こういう表情のことを言うんだね」と、わが子に話す。

そういう、スタート地点としてのインプットが必要なのは、言うまでもありません。

それはいわば、**「点」**で吸収するということです。

しかしそれだけでは、「造花じゃない花はなんて言うんだろう？」「誇らしげと自慢げはどう違うんだろう？」というような疑問に答えることはできません。

言葉というものは、知れば知るほど、近接した言葉との相違点を考えるべき日が、必ずやってくるのです。

それは、言葉を「点」ではなく「線」で、「バラバラ」ではなく「関係」の中で考えるということです。

この「関係の中で考えるべき日」がやってくるのを受動的に待つのではなく、能動的・積極的に考えることができるようになれば、どうでしょう。

それが、**「本当の語彙力」**が身につくということなのです。

そこで、そのための方法を、第10～15項に渡って紹介します。

ただし、その具体的な方法に取り組む前に必ずお子さんに知っておいてほしいことを、1つだけ先に述べておくことにします。

9

「反対語」こそが語彙力の中核！

似た意味を持つ言葉の間に相違点を見出し、それらを区別して使い分けることのできる力、すなわち「区別力」こそが語彙力である――このことを、前項では述べました。

では、「区別力」というものは、どのようにすれば身につくのでしょうか。

実は、「言葉を区別するために必要な言葉」というものがあります。

それはズバリ、「反対語」です。

反対語を知らずして語彙力を高めることはできないと言っても、過言ではありません。

さて、その意味を、探っていきましょう。

◆この視点を持てば、おのずと「本当の語彙力」がついてくる

こんな会話、よくありますよね。

「この部屋、涼しいね」

「え？　涼しくないよ、寒いでしょ」

夏、エアコンの効いた部屋に入ったときの、２人の会話です。

このとき、「涼しい」と「寒い」はいったいどう違うのだろうと考えるのが、語彙力を増やすための第一歩です。

その答えを、二郎くんがこんなふうに言ったとします。

「涼しい」は、さわやかな感じで、
「寒い」は、がまんできないような感じ。

これは果たして、違いを説明したと言えるのでしょうか。どこか、しっくりこない感じがしますね。

一方、一郎くんはこう答えました。

「涼しい」は快適だが、
「寒い」は、快適ではない。

これなら、明確です。
さて、二郎くんと一郎くんの答えは、どこが違うのでしょうか。

それは、対比の「観点」が統一されているかどうかの差なのです。

観点とは、ものの見方のことです。
二郎くんの場合、「さわやかかどうか」と「がまんできるかどうか」という2つの観点を使っていますが、一郎くんは、「快適かどうか」という1つの観点しか使っていません。
このように観点を1つにしぼり込むことは、ものごとを対比し区別する際の基本中の基本です。

私はそれを、授業中に次のように伝えます。

小さなホチキスと大きなホチキスとを両手で持ちながら、こう言います。

「左のホチキスは大きいけど、右のホチキスは300円だ——という言い方は、変だよね。なぜ？　そう、観点が2つあるからだね。じゃあ、◯◯さん、どちらか1つの観点にしぼり込んで言ってみて」


大きさ・値段、どちらかの観点に統一して、その子は答えます。

こういう簡単なやりとりで、観点の統一という意味はどの子にも伝わります。

さて、話を戻します。

「涼しい」と「寒い」の違いについて、一郎くんは観点を統一していました。

それは、「快適かどうか」「快適か、快適でないか」という観点でした。

観点を統一しようとすると、必ずこういう考え方になります。

すなわち——。

〈対比の観点の統一〉
「A か B か」……………………………………反対語
「A かどうか」／「A か、A でないか」…………否定表現

ホチキスの例で言えば、こうなります。

「大きいか、小さいか」…………………………反対語
「大きいかどうか」／「大きいか、大きくないか」……否定表現

「小さい」（反対語）と「大きくない」（否定表現）とでは、伝わる意味合いがやや違ってきますから、どちらも使いこなせるようにしておく必要があります。

ただし、否定表現は単に「ない」をつけるなどすれば済むのに対して、反対語は、知らないことにはどうしようもありません。

ですから、**より意識すべきは反対語である**ということになります。

そもそも、反対語のほうがその違い（対比関係）を明確に浮き上がらせる働きがあります。

「白い」に対して「白くない」と言う場合と「黒い」と言う場合とでは、「黒い」のほうが明確に違っていますね。

ですから、いつも**「反対語で違いを説明できないだろうか」**と考えることこそが、相違点をとらえ、言葉を「区別」する際の第一歩となるのです。

実は、「観点」にはいくつかの代表的なものがあります。

先の「快適かどうか」も「大きいか小さいか」も、その分類に当てはめていくことができます。

ただし、それについては、このあとの第10項以降で詳しく説明することにします。

また、反対語・否定表現を実際にどのように使っていくのかについても、その中で詳しく述べます。

そして、どのような反対語をお子さんに覚えさせればよいのかについては、巻末に一覧表を用意しましたので、ご活用ください。

◆否定表現において役立つ4つのパターン

最後に、否定表現のパターンについて、補足しておきます。

先ほど、否定の際には「ない」をつけるなどすれば済むと書きましたが、ほかにも、たとえば次のようなケースがあります。

幸福↔不幸　満足↔不満　安心↔不安

これらは、大きなくくりとしては反対語ですが、「幸福」に「不」をつけて「不幸」などとしているわけですから、否定表現であるとも言えます。

こういった「不」などの1字をつけて否定するパターンは、代表的には次の4種類になります。お子さんにしっかり教えておきましょう。

「未」――「まだ～ていない」などの意味

（例）未完成……まだ完成していない　未解決……まだ解決していない

未熟……まだ熟していない　　未経験……まだ経験していない

「無」――「～がない」などの意味

（例）無害……害がない　　無制限……制限がない

無力……力がない　　無自覚……自覚がない

「非」――「～ではない」などの意味

（例）非現実……現実的ではない　　非公開……公開しない（公開状態ではない）

非科学……科学的ではない　　非常識……常識的ではない

「不」――「～ではない」などの意味

（例）不公平……公平ではない　　不愉快……愉快ではない

不確実……確実ではない　　不可能……可能ではない

ほかにも、「反」をつけるパターン、「否」をつけるパターンなどがありますが、まずは右の4つをおさえておきましょう。

さて、次はいよいよ**「観点」**の実例です。

そして、その中で、**「反対語」**がいかに役立つかを実感していただきたいと思います。

10

言葉を「区別」するための「7つの観点」を知ろう!

「柔よく剛を制す」という言葉があります。

とにかく力づくで目的を達成させようとするよりも、柔軟な発想でしなやかに対処したほうが、クリアしやすいわけです。

これから紹介する「観点」というのは、いわば柔道のワザのようなものです。

言葉を片っ端から覚え込むような力づくの方法に頼らずに、「本当の語彙力」をしなやかに身につけるための技術なのです。

◆無限に思える「観点」もしぼり込むことができる

前項で「涼しい」と「寒い」の違いを扱った際、「快適かどうか」という観点がありましたね。また、説明の中で、「ホチキスが大きいか小さいか」という例も挙げました。

こういった「観点」は、事実上、無限にあります。

しかし、「快適かどうか」は、広くとらえれば**「心理の観点」**であると言えます。

また、「大きいか小さいか」は、広くとらえれば**「空間の観点」**であると言えます。

このように、無限にあるように思える観点も、いくつかの代表的な観点に集約されていきます。

これを整理すると、多くのものごとに対して普遍的に使える**「7つの観点」**が浮かび上がってきます（心理・空間もその中に含まれます）。

ここでは、その全体像をご紹介します。

ところで、前項の「涼しい」と「寒い」の違いについての説明を読みながら、こう思ったかもしれません。

「そんなにすぐに、〝快適〟なんていう言葉が出てこないよ、そもそも」

その気持ちは分かります。

しかし、そういう言葉に近づくための正攻法があります。

それは、観点について「自問する」ことです。

「心理的には（気持ちとしては）？」

この問いを自らに投げかけるだけで、答えに近づけます。

「『涼しい』と『寒い』の違い……心理的には？　涼しいのは気持ちよい、寒いのは気持ちよくない。ああ、そうか、快適かどうかってことだな」

こういう思考をたどるわけです。

ですから、これから紹介する7つの観点は、どれも「問い」として考えることができるよう、説明していきます。

◆とりわけ重要な「3つの観点」とは？

さて、まず何よりも重要なのが、「時間の観点」と「空間の観点」です。

時間から見ていきましょう。

まずは、「いつ？」と問うことから始めます。すると、時分秒、年月日、朝昼晩、午前・

午後、春夏秋冬、過去・現在・未来などといった観点が見つかります。

また、「時間の長さは?」と問えば、時間・期間の長短の観点になります。

あるいは、「時間のつながりは?」と問えば、時間的に連続しているのか断続的なのか、といった観点になります。

こういったものが、**「時間の観点」**です。

一方、空間はどうでしょうか。

まず、「どこ?」と問えば、上下・左右・前後・表裏・内外・遠近・高低などの観点になります。

また、「空間のようすは?」などと問えば、長短・広狭・大小、あるいは分布・密度などの観点になります。

これらが、**「空間の観点」**です。

ドイツの哲学者・カントは、時間・空間という窓口(形式)をとおさなければ人間はものごとを認識できない、と主張しました。

そのことは、時間・空間の観点がいかに重要不可欠であるかを示唆しています。

本来、この2つだけでも多くのものごとの説明がつくのですが、もう1つ、重要な観点を挙げておきます。

それが、**「自・他の観点」**です。

自己・他者、あるいは主観・客観といった観点です。

これも、かなり多くの言葉の意味に含まれる要素です。

「自・他の観点では？」「自分としては？」「他人としては？」などと問うことになります。

これら「時間」「空間」「自・他」は、7つの観点の中でも特に重要度の高いものであり、**「主要3観点」**とも言えます。

これらについては、次項からそれぞれ1項ずつ使って、詳しく述べます。

◆これが語彙力をアップさせる「7つの観点」だ！

さて、7つのうち3つを述べました。残るは4つです。

まず、**「心理の観点」**。

多くの言葉は、人間の心理に関わっています。先ほどから例示しているように、「心理的には？」「気持ちとしては？」などと問うことで得られる観点です。

次に、**「五感の観点」**。

私たちは、常に視覚・聴覚・嗅覚・味覚・触覚（目・耳・鼻・舌・皮膚）によってものごとを感じ取っています。いつも、「五感では？」とか、「目では（視覚的には）？」「耳では（聴覚的には）？」などと問うことが大切です。

そして、**「目的・手段の観点」**。

あらゆる行為には目的と手段があります。「目的は？」「手段・方法は？」あるいは、「なんのために？」「どうやって？」と問うことになります。

さらに、**「プラス・マイナスの観点」**。

善悪、明暗、幸・不幸、益・害といった、「よい・悪い」の観点です。あらゆる言葉に含まれ、ニュアンスの違いを生み出しています。

この観点は、ニュアンスについて述べた第5項の中でもすでに触れています。

「プラスか、マイナスか？」「よいのか、悪いのか？」などと問うことになります。

さて、7つの観点をざっと紹介しました。

こういった観点をイメージしながら言葉の意味をとらえようとするとき、そこに、今まで意識していなかった言葉の姿が浮かんでくるわけです。

では、ここまでを一覧に整理しておきましょう。

――代表的な「観点」と問いかけ――

①時間の観点　「いつ？」
時分秒／年月日／朝昼晩／午前・午後／
春夏秋冬／過去・現在・未来
「時間の長さは？」
時間・期間の長短／遅速
「時間のつながりは？」
時間の連続性・断続性

②空間の観点　「どこ？」
上下／左右／前後／表裏／内外／遠近／高低
「空間のようすは？」
長短／広狭／大小／分布／密度

③自・他の観点　「自分としては？」「他人としては？」

④心理の観点　「心理的には？」「気持ちとしては？」

⑤五感の観点　「五感では？」
視覚／聴覚／嗅覚／味覚／触覚

⑥目的・手段の観点　「なんのために？」「どうやって？」

⑦プラス・マイナスの観点　「プラスか、マイナスか？」「よいのか、悪いのか？」
善悪／明暗／幸・不幸／益・害

これらの観点をいつも頭においておき、なんらかの言葉に出あうたびにいずれかの観点を任意に使って、言葉を区別していくのです。

さあ、全体像をつかんだところで、いよいよ具体例に入っていきましょう。

11

「時間の観点」で言葉を分けてみよう！

――言葉を「区別」するための観点(1)

「速い・遅い」「先発・後発」など、時間の観点であることが分かりやすい言葉があります。

こういう言葉が時間の観点で成り立っているということに、あらためて気づくこと。これも大切です。

が、この項では、あえてそういう分かりやすい例ではなく、分かりにくい例を挙げていきます。

いわば、「隠された観点を見つける」ということです。

これができるようになると、言葉と言葉の相違点を考えることが楽しくなり、わくわくしながら取り組めるようになります！

◆「見る」と「見つめる」は、どう違う?

先ほど、時間と空間の重要性について触れました。

世の中のありとあらゆるものごとは、時間・空間に関連して存在しています。

関連というより、それに支配されていると言ってもよいでしょう。

この項では特に時間の観点について例示しますが、ここに示すのはほんの一部です。

時間の観点でとらえられるものごとは、ほかにも無限に存在します。だからこそあらためて意識する必要があります。


さて、まずは簡単なところから。


《第1の問い》「見る」と「見つめる」は、どう違う?

《第2の問い》時間の観点では?（時間の長さは?／時間のつながりは?）


答えは、次のようになります。

見る

・見ている時間が
短いことも長いこともある。
・見続ける場合と
見続けない場合とがある。

見つめる

・見ている時間が
長い。
・見続ける。

「見つめる」という言葉には、時間的な長さや継続性の意味合いが含まれているわけです。
なお、「長・短」は反対語、「続ける・続けない」は否定表現のパターンです。

たったこれだけのことですが、こうして意識し区別することによって、お子さんが話したり文章を書いたりする際に、言葉を選べるようになるでしょう。
この**「言葉を選べるようになる」**ということが、語彙力を伸ばすことの究極の目的であると言えます。

◆「跳ぶ」と「飛ぶ」は、どう違う？

さて、次です。

《第1の問い》「跳ぶ」と「飛ぶ」は、どう違う？
《第2の問い》時間の観点では？（時間の長さは？／時間のつながりは？）

どちらもなじみのある動詞ではありますが、これらの言葉だけではやや抽象的であり、子どもの頭は活発には働きません。

子どもが自ら答えにたどり着くためには、**具体例**が必要です。

具体例は、子ども自身が考えつくならばそれでもよいですし、考えつかないならば、あまりためらわずに与えてしまいましょう。

《思考を助ける具体例》

・縄跳び・跳び箱……◯　縄飛び・飛び箱……×

・飛行機で跳ぶ……×　飛行機で飛ぶ……○

具体例とともに、「時間の観点では？」という問いを与えていれば、スムーズに気づくことができるはずです（難易度を上げるためには、具体例や観点も自ら考えるようにさせればよいでしょう）。

さて、答えは次のようになります。

跳ぶ

・とんでいる時間が短い。
・空中にいる時間が一時的。
（とび続けない）

飛ぶ

・とんでいる時間が長い。
・空中にいる時間が継続的。
（とび続ける）

本来は、「とぶ」の意味を説明しているわけですから、「とんでいる時間が」とせず、「空中にいる時間が・滞空時間が」などとすべきですが、そういった表現がすぐには出てこないことも多いので、そういうときは目をつぶりましょう。

◆「思う」と「考える」は、どう違う？

最後は、少し難しい例です。

《第1の問い》「思う」と「考える」は、どう違う？

時間の観点で考えることにお子さんが慣れてきたら、**ぜひ、観点を限定する問いを省いてみてください**。

自ら「時間的には……？」と考えられるようになることこそが、大切ですから。

具体例については、次のようにクイズ形式にするという手もあります。

おそらく、これをお読みのあなたご自身が、実は「思う・考える」の相違点を自信を持って説明できるとは限りませんから、まずはご自身で穴埋めをし理解できたあとで、お子さんに提示していただきたいと思います。

さて、次の各文の空欄に、「思う」か「考える」のどちらかを入れてみましょう。

より自然な印象を受けるほうを選びます。

①　左へ行こうか、右へ行こうか、（　　　）。
②　今日はいい天気だなあ、と（　　　）。
③　よく（　　　）と、この方法のほうが早いと分かる。
④　このケーキはおいしいと（　　　）。

①・③が「考える」、②・④が「思う」になったはずです。
日本人であれば、おそらくほぼ例外なくこう答えます。

これは、どういうことでしょうか。

「思う」という言葉の意味と「考える」という言葉の意味とを、区別できている。

そういうことでしょう。

少なくとも現代日本語においては、一般的に、①・③のような場合は「考える」、②・④のような場合は「思う」を使う。

そういう区別が、できているわけです。

しかし、ではその区別がどういう観点によるものなのかとなると、話は別です。なかなか、すぐには説明できません。
そこで、「7つの観点」の筆頭である「時間の観点」を、まずは使ってみるわけです。
すると、次のようになります。

思う

・（思っている）時間が短い。
・ほとんど瞬間的な判断（非選択的）。

考える

・（考えている）時間が長い。
・一定時間をかけての判断（選択的）。

念のため、先ほどの具体例で確認しておきましょう。

① 左へ行こうか、右へ行こうか、考える。
③ よく考えると、この方法のほうが早いと分かる。

どちらも、一定の時間をかけています。
選択的（選択肢がある状態）です。

② 今日はいい天気だなあ、と思う。
④ このケーキはおいしいと思う。

今度はどちらも、時間をかけずに瞬間的にそう受け止めています。非選択的です。

「思う・考える」がどちらも使える例も、もちろんあります。たとえば、次のような場合です。

「私は、なんでもデジタル化するのは間違いだと(　　)」

間違いだと思っている。間違いだと考えている。

どちらでも通じます。

とはいえ、前者の場合、この人にとっては時間をかけ頭を使って選択するプロセスが既に過ぎており、結論は出ているという印象を受けます。

一方、後者では、まだ自信を持って結論を主張する段階ではないが、選択的には「間違いだ」という方向に傾いている状態だ、という印象を受けます。

この2語を、「思うも考えるも、似たようなもんでしょ」という気構えで使うならば、実質的には1つの言葉を知っているにすぎません。

しかし、2語の中には対比関係がありました。明確な違いがあったのです。

私たちは実は、言葉をかなり漠然と使っています。違う意味の言葉を、同じだと思って使っています。

そこに境界線を入れて区別することで、言葉のネットワークは倍・倍と拡大していくのです。

12

「空間の観点」で言葉を分けてみよう！

――言葉を「区別」するための観点（2）

「空間」という言葉。

使い慣れていない子は、少しとまどうかもしれません。

簡単に言えば「場所」のことですが、場所と言うと2次元的（平面的）なイメージになりますから、やはり「空間」と呼ぶ必要があるでしょう。

それは、3次元的（立体的）なイメージです。

もしかすると、「3D（スリーディー）」という言葉のほうが、子どもには分かりやすいかもしれません。

四方上下、あらゆる方向への広がり。

それが、空間です。

空間は、私たちを包み込んでいます。

空間なくして、私たちは存在することができないのです。

◆「海」と「湖」は、どう違う？

空間の観点で考える前に、第10項で簡単に紹介した次の内容を、シンプルにまとめておきましょう。

《空間の観点》
上下・左右・前後・表裏・内外・遠近・高低・長短・広狭・大小・分布・密度……等

では、さっそく具体例を見ていきます。

《第1の問い》「海」と「湖」は、どう違う？
《第2の問い》空間の観点では？（空間のようすは？）

海	湖
・広い（面積）。	・狭い（面積）。

・深い（底の深さ）。　　　　・浅い（底の深さ）。
・開いている（陸に囲まれていない）。　　・閉じている（陸に囲まれている）。

海と湖の違いについては、さほど悩むこともないでしょう。

とはいえ、陸に囲まれているかどうか、いわば開いているか閉じているかといった観点は、不慣れなうちは出にくいかもしれません。

ここで1つ疑問があるでしょうか。

海と湖について考えることが、なぜ「語彙力」の対象になるのか。わが子にとっての語彙力アップの課題は、もうちょっと難しい言葉にあるんだけど――などと。

その感覚は理解できます。

しかし、海・湖を「簡単だ」と感じるのであれば、それはお子さんが経験的にその意味をよく知っており、言葉の指示対象が具体的に浮かんでくるからにすぎません。

それを言ったら、哲学者にとっては「主体・客体」などという言葉も、具体像がパーッと広がる言葉であり、簡単だと言えるでしょう。

結局、指示対象が言葉の使い手にとって身近なものかどうかの差であって、「主体」も

「海」も、言葉であることには変わりないのです。

ところで、「海・湖」は、次のような解釈もできます。

●時間の観点では？　↓　海は古いが、湖は新しい（できた時代）。
●心理の観点では？　↓　海は不安感があるが、湖は安心感がある。
●五感の観点では？　↓　海は水がしょっぱいが、湖はしょっぱくない（味覚）。

これから先の項で説明するものも挙げてみました。

というのも、お子さんが実際に「海と湖の違い」を考える際、指定された観点以外の観点を使うことも出てくるはずだからです。

身近でよく知っている対象については、このように種々の観点が浮かんできます。

その場合は、**「ああ、それは心理の観点だね」**などと分類してあげながら、サポートするとよいでしょう。

◆「区別」と「差別」は、どう違う？

さて、次は、少し難しいものにチャレンジです。


《第1の問い》「区別」と「差別」は、どう違う?

《第2の問い》空間の観点では?(位置関係は?)


時間があるのなら、「空間の観点では?(位置関係は?)」などという観点の指定は行わずに、まっさらな状態からノーヒントで相違点を考えさせたいところです。

とはいえ、その場合もやはり具体例を挙げていく必要があるでしょう。

たとえば、次のような具体例が考えられます。

それぞれに、「区別」「差別」いずれかを入れてください。

① 男女のトイレを(　　　　)する。
② 同じ仕事に対する給料を、男女で(　　　　)する。

一般的な用法で考えれば、①が「区別」、②が「差別」となるでしょう。

では、区別と差別はいったいどう違うのでしょうか。
空間の観点を使って考えると、次のようになります。

区別
・左右に分ける。
・並列関係（対等関係）で分ける。

差別
・上下に分ける。
・上下関係で分ける。

①のトイレの例で「左右」という発想がわき、②の給料の例で「上下」という発想がわきます。

この「区別・差別」のように、一見すると空間のイメージにほど遠い言葉であっても、空間の観点で整理することができるわけです。

実は、空間のイメージ（空間の比喩）というものを、私たちはいたるところで使っています。

たとえば、「尊敬・軽蔑」の意味で「見上げる・見下げる（見下す）」といった言い方をしたり、「寛容である・寛容でない」の意味で「心が広い・狭い」と言ったり、あるいは、

「情に厚い」「薄情だ」などと言ったりします。

どれも、空間の比喩を含んだ心情表現です。

また、実は、前項で述べた時間の観点を説明する際にも、多用されます。

長時間・短時間と言う場合の「長短」は、もともとは空間を表します。

過去が遠ざかる、未来が近づくなどと言う場合の「遠近」も、同様です。

前夜、後日、などと言う場合の「前後」も、空間です。

あるいは、「時が流れる」などというのも、空間における動きを表す「流れる」という言葉に頼っています。

空間は、ある意味で有形です。

心情や時間という無形の概念について他者と共有するには、有形のものに変換して表すことになりやすいわけです。

◆この習慣を身につければ、語彙力をより強化できる!

先に、反対語の重要性について述べました。

ここまでにも、多くの反対語が登場しています。

上下・左右・前後・表裏・内外・遠近・高低・長短・広狭・大小というような空間のとらえ方はどれも反対語で成り立っていることを、あらためて認識しておきたいものです。なお、分布・密度に関しては、「集中・分散」などといった反対語で整理することが必要になってくるでしょう。

次項以降で述べる各種の観点についても、同様に反対語が求められてきます。

先にも述べたことですが、巻末の**「反対語一覧」**をぜひ役立てるようにしてください。

そうすることで、語彙力がよりいっそう増強されていくはずです。

13

「自・他の観点」で言葉を分けてみよう！

――言葉を「区別」するための観点（3）

人間はみな、「自分」が生命活動の中心です。
自分の目でものを見、自分の頭でものを判断します。
ここまでは、動物と似ています。
しかし、ほとんど人間にだけ備わった性質として、「想像力」があります。
それはある意味、他者の目でものを見、考える力であるとも言えるでしょう。
自分だけでなく、他人・他者の存在を感じ、考えることができる。
そんな私たちにとって、この観点が重要であることは言うまでもありません。
必須の観点であると言えます。

◆「ほめる」と「おだてる」は、どう違う？

私たちは、社会という人間集団の中で生きている以上、必ず**「他者」**との関係性の中に存在しています。

ですから、その社会の中で使われる多くの言葉が、「自己・他者の観点」すなわち「自・他の観点」の要素を含み持っているであろうことは、想像にかたくありません。

では、さっそく具体例を示しましょう。

> 《第1の問い》「ほめる」と「おだてる」は、どう違う？
> 《第2の問い》自・他の観点では？

「おだてる」の意味が分からないようならば、遠慮なく辞書を引かせてください。

すると、そこに用例が載っています。

たとえばこんな例でしょう。

「おだてて、その気にさせる」

ここに、「自己・他者」に近い表現として**「自分・相手」**を入れ、言いかえてみます。

「相手をおだてて、自分の望むとおりにさせる」

これで、だいたいの相違点が見えてくるでしょう。

ほめる
・相手のために、相手のよいところを伝える。

おだてる
・自分のために、相手が喜びそうなことを言う。

違いは結局、**「相手のためか、自分のためか」**ということになります。

ただし厳密には、「ほめるのは必ずしも相手のためではない」とも言えますから、より正確にはこんな表現になるでしょうか。

「自分のためという意図が薄いか、濃いか」

「自分の利益を考えている度合いの軽重」

◆「ボランティア」と「仕事」は、どう違う？

さて、次の例です。

《第1の問い》「ボランティア」と「仕事」は、どう違う？
《第2の問い》自・他の観点では？

ここで言う「仕事」とは、狭義の仕事、つまりお金をもらって働くことを意味します。分かりにくいようならば、お母さんお父さんの実際の仕事を具体例にして説明するとよいでしょう。

ボランティアについては、「災害復興のためのボランティア」など、テレビのニュースでよく見聞きするような例を挙げて説明するとよいでしょう。

そして、それらの違いを、自・他の観点で考えます。

すると、次のようになるでしょう。

ボランティア

・自分のためというよりは、他者のために働く。
・自分が報酬を得ることは目的ではない。

仕事

・他者のためであると同時に、自分のためにも働く。
・自分が報酬を得ることが目的である。

以前、授業で子どもたちにたずねてみたことがあります。

ボランティアと言うと具体的にどういうものが思い浮かぶか、と。

すると、公園清掃や街頭募金活動など、ある程度の具体例は挙がりました。

では、そもそもボランティアとはどういうものなのか、と抽象化させてみたところ、あまり正確な答えは返ってきませんでした。

ボランティアの意味として特に重要な要素であるはずの「無報酬」「無償」という意味合いが、子どもたちからはほとんど出てきませんでした。

これはつまり、「自分のためではなく」という部分が意識できていないことを意味するものでしょう。

「みんなのために」「誰かのために」といった他者の観点は出てきましたが、「自分の利益のためではなく」という発想には至らなかったわけです。

「他者」という言葉を意識するときは、同時に「自己」という言葉も意識する。

これが大切です。

だからこそ、「自・他の観点」なのです。

「ボランティア」という言葉を辞書で引くと、たいていの辞書に出てくるのは「奉仕」という言葉です。

ただし、そこで「奉仕」という言葉を調べてみても、必ずしも「自分」を否定する意味までが書かれているとは限りません。

ちなみに、第1項で紹介した『新明解国語辞典』（第七版）では、「奉仕」の項目に「自分にとっての利害や名誉を無視して」という説明が明記されています。

なお、自・他の観点は、「主観・客観」「能動・受動」などに言いかえたほうが説明がしやすくなることもあります。

こういった反対語を覚えて、お子さんが自ら活用できるようになるのが、理想です（第17項も参照）。

14

残る4つの観点で言葉を分けてみよう！

——言葉を「区別」するための観点(4)

言葉を区別するための観点。

残る4つは、「心理の観点」「五感の観点」「目的・手段の観点」「プラス・マイナスの観点」です。

心理的にとらえると、どうなのか。

五感（視覚・聴覚・嗅覚・味覚・触覚）でとらえると、どうなのか。

目的としては、どうなのか。手段としては、どうなのか。

プラスなのか、マイナスなのか。

こういった観点の使い方の具体例を、チェックしていきましょう。

◆「魔法」と「手品」は、どう違う？

ここまで、最初に示した「7つの観点」のうちの主要3観点について見てきました。
残るは4つです。
まずは、**「心理の観点」**です。

《第1の問い》「魔法」と「手品」は、どう違う？
《第2の問い》心理の観点では？

魔法
・期待感が大きい。
・不安感がある。

手品
・期待感があまり大きくはない。
・不安感は少ない（安心感がある）。

たとえば映画などで魔法のシーンが描かれると、タネのある手品とは違った期待感が膨らみます。何が起こるんだろう、という気持ちです。

とはいえ、期待というものは多くの場合、不安とセットでやってきます。魔法には「何が起こるか分からない」という不安感も、生じます。

一方、手品ではタネがあるという前提がありますから、さほどの不安感はありません(こんなふうに書くと手品師の方に怒られそうですが、あくまで魔法との比較における解釈にすぎません)。

以前、学習院女子中等科の国語入試問題で、文章中に書かれた「魔法使い」と「手品師」との違いをたずねる問いがありました(2012年度)。

果たして受験生は、対比の観点を統一させて書くことができたのでしょうか。

◆「冷静」と「興奮」は、どう違う?

次に、**「五感の観点」**です。


《第1の問い》「冷静」と「興奮」は、どう違う?

《第2の問い》五感の観点では?

今回は、類似した言葉どうしではなく、もともと反対語とも言える言葉の組み合わせで考えてみましょう。

実は、このように、反対語ではあるけれども観点が見えづらいために今ひとつ理解しづらいという言葉が、多々存在するのです。

冷静

・冷たい（触覚の観点）。
・静かだ（聴覚の観点）。

興奮

・熱い（触覚の観点）。
・うるさい（聴覚の観点）。

冷たい・熱いというとらえ方は比喩的な側面が強いですが、静かかどうかについては、必ずしも比喩ではありません。

冷静な人は実際に静かであり、興奮している人は実際にうるさいことも多いからです。

「冷静と興奮の違いは、冷たいか熱いかだ」「冷静と興奮の違いは、静かかうるさいかだ」というように、反対語（および否定表現）を用いて対比の観点を統一し、単純化して整理するという方法は、実はあらゆる文章の構成（作文）および再構成（読解）の基本なのですが、このあたりの詳細は他の自著にゆずります(『〝ふくしま式200字メソッド〟で「書く力」は驚くほど伸びる!』(大和出版)などをご参照ください)。

◆「使用」と「利用」は、どう違う?

次は、**「目的・手段の観点」**です。

《第1の問い》「使用」と「利用」は、どう違う?
《第2の問い》目的・手段の観点では?

こんな例があると、分かりやすいでしょう。

「五〇〇円玉を使用して購入する」
「五〇〇円玉を重りに利用して紙を押さえる」

さて、どうでしょうか。

使用

・本来の目的にそって使うこと。

利用

・本来の目的とは違う目的のために使うこと。

「利用」を辞書で引くと、「使用」に近い意味（そのものの利点を生かして役立てる）も書かれています。

実際、「電車を利用すれば確実に着く」などと表現するときは、本来の目的に合った使い方になっており、この場合は右記の相違点どおりであるとは言えません。

このように、「あるときは当てはまるが、あるときは当てはまらない」というような相違点も、多々存在します。

ではどんなときに当てはまり、どんなときに当てはまらないのかということまで考えていくと、これもまた対比関係で整理できるわけですから、よいトレーニングになることでしょう。

なお、先ほどの「魔法・手品」について、1つ補足しておきます。

手品は、手品ならではの技術・タネ・しかけがあり、それを手段として行われます。

一方の魔法は、そういった形ある技術・タネ・しかけ等はあまり存在しないイメージがあります。

この「技術等の有無」は、**「手段の観点」**であると言えます。

実は、先ほどの「期待感」「不安感」などの心情は、この「タネの有無」のような「手段の観点」を前提として考えたときに生じたものなのです。

◆「幼い」と「あどけない」は、どう違う？

最後に、**「プラス・マイナスの観点」**です。

《第1の問い》「幼い」と「あどけない」は、どう違う？
《第2の問い》プラス・マイナスの観点では？

幼い

・未熟である（マイナス）。

あどけない

・未熟さが、可愛い（プラス）。

「幼い」は、未熟さ・無邪気さ・子どもらしさをストレートに表現する場合にも使いますが、それらに対するマイナス評価を含んで使うことも多々あります。

たとえば、「もう高校生なのに挨拶もできないなんて、幼いなあ」などと使います。

一方、「あどけない」は、「あどけない笑顔が可愛らしい」などと、プラスの場面で使います。

「彼女はもう高校生だが、まだあどけなさを残しているところが魅力だ」などとも使えるでしょう。

プラス・マイナスについては、第5項で取り上げた「露骨」についての説明、および「後悔・反省・共感」についての説明の中でも触れています。

お子さんと一緒に、おさらいするようにしてください。

さて、これで**「7つの観点」**をひととおりチェックしたことになります。

以下に引き続く項目でも、ことあるごとに「観点」が登場しますから、少しでも不明な点があれば、すぐ今回の第14項に戻って確認するようにしましょう。

15

「ザバーン！」と「ザバンッ！」は、どう違う？

「ザバーン！」と「ザバンッ！」の違いを説明させる問題が、筑波大学附属駒場中学校の入試問題に出題されたことがあります（2007年度）。

「そのくらい、分かるよ」と、多くの子は思うでしょう。

しかし、「分かる」とは、「分けることができている」、すなわち「対比関係で説明できる」ということです。

果たして、本当に「分かって」いるのでしょうか。

この例と同様に、擬音語・擬態語のニュアンスについて出題された例は、多々あります。

こういったことの理解も、立派な「語彙力」なのです。

◆次に挙げた2語は、それぞれどう違う？

「擬音語（擬声語）」は音や声を表す言葉であり、**「擬態語」**は状態などを表す言葉です。

両者を合わせて、**「オノマトペ」**と表現することもあります。

さて、まずは「ザバーン！」と「ザバンッ！」の違いを挙げておきましょう（「！」がついているのは入試問題の表現に合わせただけであり、ここではあまり重要なことではありません）。

ザバーン！

・水面の広い範囲に物が落ちるイメージ。
・波がゆっくりと打ち寄せるイメージ。

ザバンッ！

・水面の狭い範囲に物が落ちるイメージ。
・波が速く打ち寄せるイメージ。

「広い・狭い」は空間の観点であり、「ゆっくりと・速く」は時間の観点です。

水面の範囲の広狭は、落ちる物のサイズの大小（空間の観点）に置きかえてもかまいません。

では、次はどうでしょう。「ポタポタ」と「ポタッポタッ」の違いです。

ポタポタ

・水滴などが連続的に落ちるイメージ。

ポタッポタッ

・水滴などが断続的に落ちるイメージ。

「ポタポタ」は、水滴が落ちる時間間隔が短く、「ポタッポタッ」は長い。そんな印象がありますね。これも、時間の観点です。

落ちた水滴が地面などに広がっていくイメージを加えると、空間の観点としての解釈も可能でしょう。

似た例をもう1つ。「カチカチ」と「カチッカチッ」の違いです。

カチカチ

・機械などが連続的に動くイメージ。

カチッカチッ

・機械などが断続的に動くイメージ。

これも、水滴の場合と同様、時間の観点であると言えます。

なお、この**「連続・断続」**という反対語を利用した解釈は多くの場面で有効ですから、難しい言葉だと決めつけず、早いうちからお子さんに伝えておくとよいでしょう。天気予報などで「断続的に雨が降ります」などとよく耳にすることを考えれば、意外になじみのある表現だとも言えます。

擬音語・擬態語はふだんから子どもたちになじみがあるため、「時間の観点かな?」「空間の観点かな?」などと考えなくても答えが出るかもしれません。

とはいえ、事後的にでも観点を意識しておくことは大切です。それによって、共通性のある他の言葉とのつながりが意識され、第7項で述べたような分類も行いやすくなります。

たとえば、今見てきた3つの例だけでも、**「ッ」(促音)には時間的な瞬間性がある**、といった共通点を認めることができます。

その瞬間性が、「ザバンッ」のスピード感、「ポタッポタッ」「カチッカチッ」の断続性を生んでいるわけです。

ところで、先の「カチカチ」は擬音語として紹介しましたが、「カチカチに凍っていた」

「カチカチに緊張していた」などと使うと、とたんに擬態語になります。

両者はまったく別の表現であるようにも思えますが、「かたい」という「触覚の観点（五感の観点）」において、共通性があります。

このように、擬音語なのか擬態語なのか区別が難しい言葉もあります。

また、小学校低学年の国語教科書などでは、擬音語はカタカナで書き擬態語はひらがなで書くというルールを習いますが、これもあくまで一般的な方向性であり、絶対のものではありません。

ですから、擬音語なのか擬態語なのかを区別することには、あまりこだわらないほうがよいでしょう。

大切なのは、あくまでも**具体的な言葉と言葉の区別**です。

◆「マンガ」も立派な学びの材料になる

擬音語・擬態語と言えば、子どもたちにとって最もなじみ深い世界は、マンガです。

マンガをオノマトペに注目しながら読むと、かなりの範囲でオリジナルの言葉が使われていることに気づきます。

作者により創作されたオノマトペの「それらしさ」に納得してしまうことも、多々あるでしょう。

それは、「言葉の違い」というよりも、**「文字の違い（文字が運ぶイメージの違い）」**をうまく活用しているからこそだと思われます。

先ほどの「ッ」もその1つですが、ほかにも多くの例が挙げられます。

たとえば、「ザジズゼゾ」は濁ったイメージですが、「サシスセソ」は澄んだイメージです。

これは濁点の有無によるイメージの違いです。

また、「はひふへほ」の持つ柔らかさに弾力を加えると「ぱぴぷぺぽ」になります。

これは半濁点の有無によるイメージの違いです。

ともあれ、マンガはオノマトペの宝庫です。

「マンガばかり読んでないで！」と注意する前に、言葉および文字に注目させるというのも、1つの手かもしれませんね。

16

外来語を、和語・漢語に言いかえる！

外来語は、子どもたちの目にどう映っているのでしょうか。

ひとことで言えば、かっこいい。なんだか、「スーパーマン」「ウルトラマン」「セーラームーン」みたいだ――。

きっと、そんな感じなのでしょう。

それに、字面もシンプルで、抵抗感なく受け入れられます。

多くの子は、きっと漢字より好きだと言うでしょう。

しかし、じゃあその言葉の意味はと問われれば、多くの子が迷ってしまう。日本語で説明させても、明確な答えは返ってこない――そんな外来語を意識することもまた、語彙力向上のために不可欠なことだと言えるはずです。

◆それぞれの用語の意味、ご存じですか？

現代日本語は、特殊な成長を遂げてきた言語です。

私たちは、和語はもちろん、たくさんの漢語や、日に日に増えてくる外来語を、臆することなく日常的に使いこなしています。

しかし、そういう状況に慣れてしまっているがゆえに、言葉の理解には濃淡が出ます。

ここでは特に、外来語を和語・漢語に言いかえてみる習慣をつけるためのヒントを、お示しします。

「分かったつもり」で使っている外来語の意味を再認識する機会にしていただきたいと思います。

さて、まずは用語を確認しておきましょう。

- 和語………訓で読む言葉。日本固有の言葉。「やまと言葉」などとも言う。
- 漢語………音（おん）で読む言葉。中国から入った言葉。ただし日本製の漢語もある。
- 外来語……主に欧米諸国から入ってきた言葉を、カタカナ表記にしたもの。

ざっと、こんなところでしょう。

ではさっそく、具体例を見ることにします。

◆実際に和語・漢語に言いかえてみよう

まずは、簡単なところから。お子さんには、下を隠して考えさせるとよいでしょう（逆に下から上へ考えさせるのも、おもしろいかもしれません）。

外来語
スピード

↓ 言いかえ

和語
速さ

漢語
速度

この例を問いかけるだけで、「和語」「漢語」の意味がお子さんに伝わるはずです。

では、次です。

外来語
フルーツ

↓ 言いかえ

和語 果物　　漢語 果実

今日のデザートは果実だよ、というような使い方はほとんどしません。
「果実」という言葉は、ややなじみが薄いようです。
しかし、なじみの薄い表現を知ってこそ、語彙力を強化することができます。

外来語
トラベル

↓ 言いかえ

和語 旅　　漢語 旅行

「トラベル」は、「タイムトラベル」などという複合語として用いることのほうが多いかもしれません。
ところで、「旅」と「旅行」では、ニュアンスに違いがあります。

こんなイメージがありませんか。

	〈空間の観点〉	〈時間の観点〉	〈心理の観点〉
「旅」	………未知の場所へ行く	期間があいまい	「楽」だけでなく「苦」もある
「旅行」	……既知の場所へ行く	期間が明確	「楽」が多い

このように、和語・漢語ないしは外来語のそれぞれにおいて意味の微妙な差異が生じていることは、多々あります。

対比の観点を統一しながらその違いを考えてみるのも、楽しく、意義あることだと言えます。

外来語
シミュレーション

↓ 言いかえ

漢語
模擬実験

シミュレーションとは、現実に近い状況を想定して、実験的な行動をとることです。

和語の場合は、「真似して試すこと」などとなるでしょう。

シミュレーションの意味を辞書で調べる前に、「たとえば地震車とか、電車の運転ソフトとか」といった具体例をお子さんに示すことで、抽象化の思考が自然に働き、「ああ、つまり試してみるってことかな」といった気づきが得られることもあります。

外来語
コミュニケーション

↓ 言いかえ

和語
(言葉などの)やりとり
漢語
意思疎通・情報伝達

コミュニケーションをすぐに「和訳」することができる子は、少ないでしょう。

かといって、意思疎通・情報伝達と教えても覚えづらいものです。

「やりとり」というのが、最もシンプルで覚えやすいでしょう。

和語というのは、意味の正確性には欠けても、その全体像をしなやかに伝えてくれる言葉です。

次は**「くらべながら言いかえる」**パターンです。

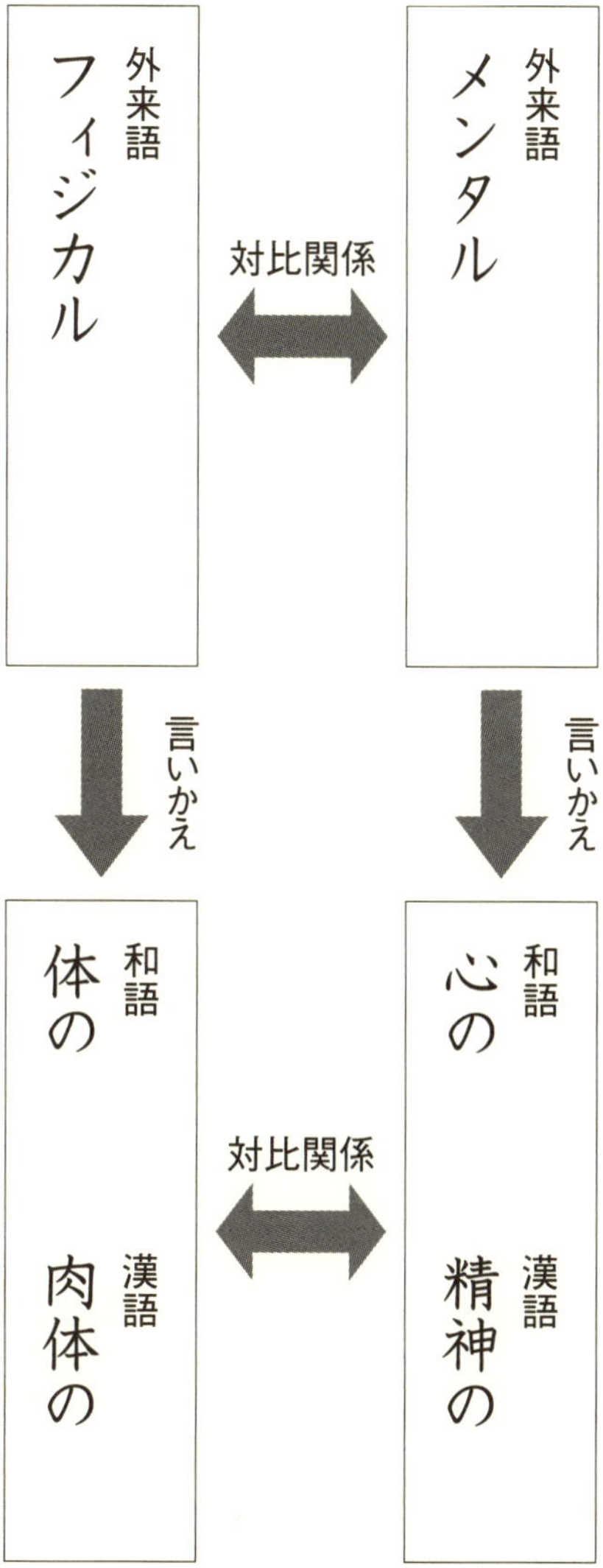

たとえば、プロサッカー選手がインタビューに答えてこんなことを言っているのを、お子さんでも耳にしたことがあるはずです。

「次の試合ですか。そうですね、体のほうはもう十分準備ができてますから、あとはメンタル面をキープしていくだけですね」

あるいは、海外のチームとの対戦について、「相手チームはフィジカルが強いので、日本は戦術と精神面とで勝つしかない」などといった解説がなされることもあります。

ここで注目すべきは、「体←→メンタル」「フィジカル←→精神」といった、和語・漢語・外来語が入り乱れた対比関係が、会話・対話の中で平然と表現されているということです。

こういう文脈でも意味を正確につかむことができるよう、和語・漢語・外来語を**「行き来する」**つもりで学ぶとよいでしょう。

また、いつも対比関係を意識し、**「反対語は何かな？」**と考えていく姿勢も、大切です。

外来語を和語・漢語に言いかえる練習素材として、巻末にも**「外来語変換表」**を用意しました。

ご活用いただければと思います。

17

日本人はなぜ形容詞・形容動詞が好きなのか？

ひごろ国語の授業で論説文の読解問題を指導していると、日本人について2種類の言説があることに気づきます。

1つは、「日本人は感性が秀でている」。

もう1つは、「日本人は理性において劣っている」。

形容詞・形容動詞は、そんな日本人の両側面を生み出す象徴のような言葉です。

その意味を、少し探ってみましょう。

◆形容詞と形容動詞の特徴をおさえておこう

まずは、形容詞・形容動詞※の共通点・相違点を確認します。

どちらもものごとの「性質」や「状態」を表す言葉であるというのが共通点です。

一方、相違点は次のようになっています。

●形容詞……言い切りの形が「い」で終わる。

（例）多い・少ない・重い・軽い・良い・悪い・白い・美しい

●形容動詞……言い切りの形が「だ」で終わる。

（例）静かだ・きれいだ・軽やかだ・冷ややかだ・なごやかだ

※形容詞・形容動詞という呼称は「学校文法（国文法）」の品詞分類における呼称です。外国人に教える場合の「日本語文法」では、形容詞を「イ形容詞」、形容動詞を「ナ形容詞」と分けるだけで、本質的には同じ「形容詞」として扱われます。

これら形容詞・形容動詞には、日本人好みの性質があります。

それは、主観的であいまいなイメージを上品に表現し、他者と共有できるという点です。

少し、具体的に見てみましょう。

◆こんなときには、この形容動詞

まずは、形容動詞からです。
次の各文の――部について、**「〜やか」**を使って書きかえてみましょう。

①ちょっとずつちょっとずつカーブする山道を、車で進んで行きました。
②おじいちゃんは、笑顔を見せながらぼくたちを迎えてくれました。
③紅葉のくっきりとした赤色が、青空に映えています。
④買ったばかりのスニーカーをはくと、いつもよりもいい気分で歩ける感じがします。
⑤そのワンピース、ピンクがいい感じですね。
⑥いつも泣いている赤ちゃんも、寝ているときは落ち着いています。
⑦先生が笑ったので、教室はいい雰囲気になった。

さて、どうでしょうか。

答えは、たとえば次のようになるでしょう。

①ゆるやかにカーブする山道を、車で進んで行きました。
②おじいちゃんは、にこやかにぼくたちを迎えてくれました。
③紅葉のあざやかな赤色が、青空に映えています。
④買ったばかりのスニーカーをはくと、かろやかな気分で歩ける感じがします。
⑤そのワンピース、ピンクがはなやかですね。
⑥いつも泣いている赤ちゃんも、寝ているときはおだやかです。
⑦先生が笑ったので、教室はなごやかになった。

もとの文とくらべ、かなりイメージが変わりましたね。

特に、④・⑤・⑦の「いい気分」「いい感じ」「いい雰囲気」などという表現よりは、ずっと意味範囲が狭まっています。

それでいて、あいまいなイメージの広がりは残しています。

もちろん、「いい」も形容詞であり似た働きを持つ言葉なのですが、「いい」だけではさすがにあいまいすぎて意味が伝わりません。あいまいなイメージを、あいまいなままに伝えたい。でも、あいまいすぎても伝わらない。

そんな場合に、形容動詞、とりわけ **「〜やか」（あるいは、〜らか）** のつく言葉は便利です。

なお、今回の解答例はあえてひらがなで書きました。

和語ならではのやわらかさを表現するには、文字種の選択に意識を向けることも大切です。

◆どちらが客観的で、どちらが主観的?

次は、形容詞です。

次の2つの文を、くらべてみましょう。

① ぼくの強さは、日本語と英語を両方話せることです。

② ぼくの強みは、日本語と英語を両方話せることです。

違いはどこでしょうか。そう。「強さ」と「強み」ですね。

どちらが自然な表現でしょうか。そう。「強み」を使った、②ですね。

これは、形容詞「強い」を名詞化し「強さ」「強み」とした例ですが、どちらがよいのか、ふと迷うこともあります。

「〜さ」よりも「〜み」のほうが、ファジーなイメージを伝えるのに一役買ってくれます。

「強み」は、単なる「強さ」とは違い、それが「自分にとって頼りになる」という意味合いを含みます。

すなわち、「強さ」は客観的、「強み」は主観的なのです。

「自分にとって」という部分を強調したいとき、**「み」**を使うとよいわけです。

そして、思い出してください。これは、**「自・他の観点」**に通じています。

主観とは、「自分」中心の（自分が納得する）見方。

客観とは、多くの「他者」が納得する見方です。

同様の例をもう1つ示しておきます。

① 校長先生の最後のひとことには重さがあった。
② 校長先生の最後のひとことには重みがあった。

①は、さすがにおかしいですね。
「え？　なんキログラム？」などと言いたくなります。

「重み」は、単なる「重さ」とは違い、それが「自分にとってのしかかってくる」ようなイメージを持ちます。

ここでもやはり、「重さ」は客観的、「重み」は主観的なのです。

◆形容詞・形容動詞の使いすぎにご用心

今、「なんキログラム？」と言いたくなる、と書きました。

たしかに、「重さ」は測定できます。数値化可能です。

この「重い」も含め、「速い」「高い」「深い」などの形容詞、あるいは形容動詞「静かだ」などのように、機器で測定すれば数値化できるものもありますが、それでも、形容詞・形容動詞は、あいまいな印象を与える主観的な言葉です。

多用しすぎると、自分の感覚ばかりを重視するような態度として、相手に受け取られかねません。

西欧人にくらべて日本人は数値化が苦手、客観的に筋道を立てて考えること、つまり論理的思考が苦手――そういった定説があります。

これを好意的に受けとめれば、日本人の奥ゆかしさ、あるいは品位というものが暗に評価されているのだという見方もできますが、ストレートに受けとめれば、やはりあまり嬉しいものではありません。

形容詞・形容動詞は、選択的に使うべきものなのです。

使えば、品のある表現ができる。

でも、あえてもっと具体的・客観的な言葉を選択すべきときもある。

そんな話を、お子さんにもぜひ、してあげてみてはいかがでしょうか。

18

ことわざは「逆説」の宝庫だ！

「二兎を追うものは一兎をも得ず」「花より団子」「薬も過ぎれば毒となる」「怪我の功名」「雨だれ石をうがつ」「窮鼠猫をかむ」「医者の不養生」「良薬口に苦し」「エビでタイを釣る」「便りがないのがよい便り」……。

お子さんは、これらのことわざをいくつ知っていますか。

１つも知らない――そんな子も、意外に多いかもしれません。

そして、これらのことわざには、ある特徴があります。

それは、常識を逆からとらえるような見方、すなわち「逆説」がこめられた言葉だということです。

その意味を、少し詳しく見ていきましょう。

◆ことわざの重要性に気づいていますか？

「うちの子は語彙力が弱い」と思うとき、その理由の1つに、「ことわざの類※を知らない（※慣用句・故事成語等、含む）」ということも挙げられるのではないでしょうか。

何を隠そう、私自身が、授業の場でいつもそう思っています。

なぜこんなにも、ことわざを知らない子が多いのだろう、と。

実に不思議です。1つには、おそらく、親・教師など周囲の大人が使わなくなってきたからなのではないでしょうか。

読者のあなたは、今日、ことわざを使いましたか？　ここ1週間では？　あるいは、1ヶ月では？

ことわざがなぜ重要なのか。

その理由を3つ挙げるとすれば、こうなります。

第1に、**「風雪に耐えてきた言葉」**だからです。世の中の真理を言い当てている「名言」を知るのと知らないのとでは、人生の質が変わります。

第2に、**「比喩」の宝庫**だからです。短く簡潔な言葉で、ことの全貌をとらえることができる。それが比喩であり、ことわざです。表現を学ぶには欠かせない素材です。

第3に、**「逆説」の宝庫**だからです。

——そしてこの第3の理由を、ここでは取り上げたいと思います。

◆何かを主張するときの強力な武器

「逆説」とは何でしょうか。

それは、一見、おかしなこと・矛盾したこと・非常識なことを言っているように思えることがらでも、実はそれぞれに納得できる(否定しにくい)理由・根拠があり、それが世の中の真実の一面を言い当てているような表現のことです。

「失敗は成功のもと」「負けるが勝ち」「急がば回れ」といったことわざが、代表格です。

そして、世の主張という主張は、逆説の構造を持っています。

たとえば、「良い子になれ」というアドバイスと、「むしろ悪い子になれ」というアドバイスがあるとして、その真意を聞きたくなるのはどちらでしょうか。

当然、後者ですね。

常識と、常識の逆。

人を引きつけるのは、ほとんどいつも、後者です。

だから、主張というものは一般に、逆説の構造をとるのです。

何か言いたいことがある。耳をそばだてて聞いてもらわなければならない。どうすればいいか。逆のことを言えばいい——こういう発想です。

むろん、その「逆の言い分」には根拠がなくてはなりません。納得できる理由が必要だということです。

ことわざは、その点でクリアしています。

根拠と言っても、データではなく経験則です。

とはいえ、多くの人が積み上げてきた経験則ですから、信頼に値します。

要するに、ことわざというものは、他者の「主張」を聞いたり読んだりするときに不可欠な「**逆説の型**」を学ぶために、最適な練習材料になるというわけです。

◆これが「逆説」の型だ！

逆説というのは、多くの場合、次の型で説明できます。

① 「常識的には ア は A だが、実際には ア は B である」
② 「常識的には ア は A だが、　 であるため、実際には ア は B である」

②は、根拠・理由が入るパターンです。A と B は対比関係になります。

具体例を見ておきましょう。

失敗は成功のもと

――失敗は反省を呼ぶので、結果的に成功の要因になるということ。

型どおりに詳しく言えば、こうなるでしょう。

「常識的には失敗は失敗だが、失敗すると人間は反省するため、実際には失敗は成功であるということ」

急がば回れ

――急いでいるときほど、安全確実な道を選ぶべきだということ。

型どおりには、こうなります。

「常識的には急ぐときは近道をすべきだが、近道には危険が潜んでいることが多いので、目的を急ぐときほど安全確実な方途（遠回り）を選ぶべきだということ」

ほかにも、「良薬は味も良い」という常識的期待をくつがえした「良薬口に苦し」、「タイのような高級魚を釣るには高級なエサが必要」という常識をくつがえした「エビでタイを釣る」など、多くの逆説的ことわざが存在します。

お子さんと一緒に調べてみましょう。

ことわざというのは、省略された情報が多いものです。

逆説的なことわざを知ったならば、まず「常識」の内容をたしかめ、次に「常識の逆」の内容をたしかめます。

そして、なぜそう言えるのか、理由を考えます。

これらを、先の「型」を利用して文にしてみることまですれば、そのことわざを本当に理解したと言えるでしょう。

ただし、そのためには**「ことわざ辞典」**などを用いて用例を確認することが欠かせません。

あるいは、お母さんお父さんが、具体例を伝えてあげましょう。

こういったプロセスによって、ただ機械的に記憶することではなく、**「ひごろ使うことができる言葉」**としてことわざが定着することを、望めるようになるのです。

19

言葉が世界をつくる！

なぜ、言葉を知ることが大切なのか。
その理由を、お子さんに自信を持って伝えることができますか。
国語の成績をもっと上げるべきだから？
会話をしたり、本を読んだり、文章を書いたりするときに役立つから？
はたまた、言葉を知らないと、将来仕事をするときに困るから？
どれも、間違ってはいません。
しかし、根本からは遠い答えです。
ここで、言葉というものの本質を、ひととおり学んでおくことにしましょう。

◆この言い分、一見正しいけれど……

ときどき、次のようなことを言うお母さんお父さんに出あうことがあります。

「うちの子は、とにかく言葉を知らなくて。表現が下手なんです。でも、言いたいことはあるんですよ。心の中に、いろんなイメージがあるみたいなんです。絵を描いたりすると、けっこう個性的ですしね。だから、まあ焦って言葉を覚えさせようとか思わなくてもいいかなとも思うんですよ」

たしかに、焦る必要はありません。

じっくりやればよいのです。

しかし、この意見の中には、ちょっと危ないところがあります。

それは、「言葉は知らなくても言いたいことはある、イメージはある」という認識です。

これ、本当でしょうか。

結論から言って、これは間違っています。

音声として発する（＝話す）、あるいは文字として発する（＝書く）ことによって、形ある言葉にすること。最低限、頭の中で言葉にすること。

これなくして、言いたいことが「存在する」ことはありません。

さて、どういう意味なのでしょうか。

◆あなたは、どちらが「正しい」と思いますか？

ものごとには、そのものごとを指し示すための**「名前（言葉）」**があります。

ワンワンと鳴くあの動物には、「イヌ」という名前があります。

酸味の強いあの黄色い果物には、「レモン」という名前があります。

信号で「止まれ」を意味するあの色には、「赤」という名前があります。

あるいは、愛するペットが死んだときに感じるようなあの心情は、「悲しい」という言葉で表現します。

さて、ここで1つ、質問です。

次の2つの考え方のうち、「正しい」のはどちらだと思いますか。

①まず、ワンワンと鳴くあの動物が存在する。次に、その動物に「イヌ」という名前がつく。まず、酸味の強いあの黄色い果物が存在する。次に、その果物に「レモン」という

名前がつく。同様に、信号で「止まれ」を意味するあの色も、愛するペットが死んだときに感じるようなあの心情も、色や心情が先に存在し、あとから名前がつけられる。

② まず、「イヌ」という名前が存在する。その言葉によって、イヌが存在するようになる。まず、「レモン」という名前が存在する。その言葉によって、レモンが存在するようになる。同様に、「赤」という名前が存在するから赤が存在し、「悲しい」という言葉が存在するから、悲しい心情が存在するようになる。

これは難しい問いですね。
どちらかと言えば、①のほうが「しっくりくる」のではないでしょうか。
しかし、答えは②です。
①・②はそれぞれ、こういう意味です。

① 先にモノが存在し、あとからモノに名前がつけられる。
② 先に名前がつけられ、あとからモノの存在が生まれる。

こう聞くと、やっぱり①も間違っていないのではないか、と思いますよね。
実際、①も正しいのです。
しかし、①と②の――部の「存在」には違いがあります。
①は、**物体**(物質)としての存在を意味します。
一方、②は、**認識**としての存在を意味します。
そして、ここでは②における「存在」こそが、重要なのです。
まだよく分からないかもしれません。
違う例を挙げましょう。
あなたは今、それなりに混雑した電車に乗っています。
周囲には、見ず知らずの「他人」がたくさん見えます。
しかし、個々の「名前」は知りません。
このとき、**物体**としては、たしかにそこに個々の人々が存在しています。
しかし、**認識**としては、そこには誰も存在していません。
個々の名前を知らない以上、「誰もいない」のと同じなのです。
もう1つ、例を挙げましょう。

あなたが知っている国の名前を、できるだけ挙げてみてください。

アメリカ、中国、インド……挙がりましたか。

しかし、まだまだ挙がっていない国の名前が、きっとあるはずです。

でも、もうそれ以上、国の名前を知らない——となれば、それらの国々は、**物理的**には存在しても、あなたの**認識**としては存在しません。

もはや実質的には、その国々はあなたにとって物理的に存在しないに等しいわけです。

名前とは、広く言えば言葉のことです。

言葉がなければ、私たちはその対象を認識することはできません。

これは、第8項でも触れた言語学者、ソシュールによる考え方です。

◆語彙力を伸ばすべき最大の理由

さて、ここで最初の話に戻ります。

「言葉は知らなくても言いたいことはある、イメージはある」

そんなふうに考えているお母さんお父さんの話でした。

結局、これは間違っていることになります。

たしかに、その子には言いたいことが「ある」のでしょうし、イメージも「ある」のでしょう。

しかし、言葉によって認識していない以上、実質的には「ない」のです。

その子本人の中ですら、それは認識されていない。

であれば、そのイメージを他者と共有することなど、とうていできないわけです。

念のため、もう1つだけ例を挙げておきましょう。

今、慣れない異国料理を家族で食べているとします。

妹は、「なんか気持ち悪い味がする」と言いました。

姉は、「苦味が強くてちょっと食べづらい」と言いました。

また別の日。間違って、賞味期限切れのヨーグルトを食べてしまいました。

妹は、ふたたび「なんか気持ち悪い味がする」と言いました。

姉は、今度は「酸味が強くてちょっと食べづらい」と言いました。

妹の「味の世界」はあいまいで、境界線がありません。

国と国の間に境界線がない（＝国の名前を識別できていない）のと、同じ状況です。

一方、姉の「味の世界」はくっきりしていて、境界線があります。
「苦味」の国と、「酸味」の国とを、識別できています。
さて、妹と姉、どちらの世界が「広い」と言えるでしょうか。
もちろん、姉ですね。
姉には、多くの「国」が存在しているのですから。
語彙力を伸ばすべき最大の理由は、ここにあります。

言葉が、世界をつくるのです。

このことを、ぜひ、機を見てお子さんに話してあげてください。
その結果として、言葉を覚えることの価値を、お子さんなりに理解することができるようになるでしょう。

20

子どもをその気にさせる、ちょっとした方法

言葉がランダムに1000個羅列されたような本やワークブックは、ちまたにたくさん出回っています。

あなたもきっと、お子さんにそういう本を買い与えたことがあるのではないでしょうか。

でも、私が知る限り、そういう本を最後まで完全にやり遂げる子は、少数です。

多くは三日坊主で終わるか、思いついたようにときどき書き込んで終わりというパターンです。

なんとかして、子ども本人を少しでも「その気」にさせたい。

そこで、手軽にできる3つの方法を、紹介します。

◆さあ、あなたも今すぐ実践してみよう！

語彙力を伸ばすための20のアドバイス、その最後は、**「その気にさせる方法」**についてです。

子どもが自らその気になり、言葉と向き合うようになること。

語彙力を伸ばすとき、これにかなうプロセスはありません。

さて、具体的に見てみましょう。

《1》ひらがなだけの文章を読ませ、実感させる

日本語における語彙力は、**「漢字力」**によって大きく左右されます。

漢字を覚え意識することの重要性については、繰り返し述べてきました。

ここで1つ、子どもをその気にさせる簡単な方法を紹介します。

まず、学校の教科書や国語の問題集などを用意します。

その中のちょっと漢字が多い文章（たとえば説明文）のうちの1ページを、すべてひらがなに直し、ノートなどに書きます。そして、音読させてみるのです。

漢字がないとかなり読みにくいということを、実感するでしょう。

特に、今まで読んだことのない文章であれば、なおさらです。

これが、漢字というものの重要性を一発で納得させる方法です。

あれこれお説教しなくても、少しは「その気になる」のではないでしょうか。

《2》テレビの映像を「ミュート」し、考えさせる

最近のテレビ番組は、当たり前のように字幕がついています。

テレビから得られる情報は1に映像、2に音声ですが、映像の中の「文字」の存在は、かなり大きくなっています。

そこで、それを逆手に取って利用してみましょう。

文字および映像を見ないで、音声だけを聴くようにするのです。

テレビのリモコンには、音声を消す**「ミュート」**というボタンがありますが、その逆の操作、いわば、映像の「ミュート」をするわけです。

これによって、音声言語を頭の中で文字言語に変換する練習ができます（そのあたりの意味については、第2項を参照してください）。

ニュースを聞きながら、「今の部分、文にして書いてごらん」などとやってみると、ゲーム感覚で楽しみながら「その気にさせる」ことができるようになります。

《3》二者択一のクイズにし、能動的に選ばせる

テレビと言えば、言葉に関するクイズが花盛りですね。

よくあるのが、漢字の読み書きや語句の意味を二者択一で選ばせる形式です。

「そんな漢字も書けないの？　ほら、こう書くんだよ」というようにさらっと教える場面も当然あってよいのですが、ときには、こんな返しもしてみましょう。

「お。それは大切な熟語だよ。今から2とおり書くから、どっちが正しいか当ててみて」

たったこれだけで、子どもの能動性が引き出されます。

さて、3つだけ紹介しました。

こういった少しの工夫で、子どものやる気は何倍にもなります。

どう工夫して教えればよいかを考えるのもまた、楽しいものです。

ぜひ、知的な遊び心を持って、実践していってください。

付録

言葉の勉強をサポートする際にどうしても必要になるのは、具体例です。本文にもかなりの具体例を示しましたが、さらに別の具体例がほしいと思ったとき、この「付録」を活用しましょう。

読み書きの場で必要になりやすい言葉を集めています。どうぞ、お役立てください。

- 「本当の語彙力」を伸ばす！　反対語一覧
- 「本当の語彙力」を伸ばす！　反対語練習問題
- 必ず役立つ！　心情語一覧
- 必ず役立つ！　外来語変換表

「本当の語彙力」を伸ばす！　反対語一覧

1字下げについて……たとえば、冒頭の「現在⟷過去」は「新しい⟷古い」の関連語（意味に関連性のある言葉）であることを意味します。関連性の詳細は、『「本当の語彙力」が身につく問題集〔小学生版〕』（福嶋隆史著・大和出版）をご参照ください。

新しい⟷古い
　未来⟷過去（現在）
　現在⟷過去
　未知⟷既知
明るい⟷暗い
　明示⟷暗示
　前向き⟷後ろ向き
　ポジティブ⟷ネガティブ

増える⟷減る
長い⟷短い
　長所⟷短所
　メリット⟷デメリット
　強み⟷弱み
集まる⟷散る
　集中⟷分散
　集合⟷解散

自然⟷人工
　天災⟷人災
切る⟷つなぐ
　断続⟷連続
　デジタル⟷アナログ
静⟷動
　安定⟷変動
　安全⟷危険

- 独創↔模倣
  - 多様↔一様
  - 相対↔絶対
- 自己↔他者
  - 主観↔客観
  - 能動↔受動
  - 積極↔消極
  - 生産↔消費
  - 当事者↔第三者
  - 私的↔公的
- 物質↔精神
  - 物↔心
  - 肉体↔精神
  - 体↔心
- 真↔偽

- 理性↔感情
  - 頭↔心
- 理想↔現実
  - 理論↔実践
- 流行る↔廃れる
- 単純↔複雑
- 権利↔義務
- 肯定↔否定
- 利益↔損失
- 目的↔手段
- 形式↔内容
  - 外的↔内的
  - 量↔質
- 異なる↔同じ
  - 相違点↔共通点

- 全体↔部分
  - 集団↔個人
  - 抽象↔具体
  - まとめる↔分ける
  - 広げる↔狭める
  - 普通↔特別
  - 一般↔特殊
- 対等関係↔上下関係
- 安心↔不安
- 信じる↔疑う
- 恥ずかしい↔誇らしい
- 親しい↔疎い
- 尊敬↔軽蔑
- 謙虚↔傲慢
- 優越感↔劣等感

「本当の語彙力」を伸ばす！　反対語練習問題

・第9項などを参考にしながら、活用しましょう。
・下の段が埋まったら、今度は逆に上の段を隠して言ってみるようにすると、2倍役立てることができます。

新しい ↔（　　　）
「未来 ↔（　　　）
　現在 ↔（　　　）
　未知 ↔（　　　）
明るい ↔（　　　）
「明示 ↔（　　　）
　前向き ↔（　　　）
　ポジティブ ↔（　　　）

増える ↔（　　　）
長い ↔（　　　）
「長所 ↔（　　　）
　メリット ↔（　　　）
　強み ↔（　　　）
集まる ↔（　　　）
「集中 ↔（　　　）
　集合 ↔（　　　）

自然 ↔（　　　）
「天災 ↔（　　　）
切る ↔（　　　）
「断続 ↔（　　　）
　デジタル ↔（　　　）
静 ↔（　　　）
「安定 ↔（　　　）
　安全 ↔（　　　）

独創 ↕（　　）
多様 ↕（　　）
相対 ↕（　　）
自己 ↕（　　）
主観 ↕（　　）
能動 ↕（　　）
積極 ↕（　　）
生産 ↕（　　）
当事者 ↕（　　）
私的 ↕（　　）
物質 ↕（　　）
物 ↕（　　）
肉体 ↕（　　）
体 ↕（　　）
真 ↕（　　）

理性 ↕（　　）
頭 ↕（　　）
理想 ↕（　　）
理論 ↕（　　）
流行る ↕（　　）
単純 ↕（　　）
権利 ↕（　　）
肯定 ↕（　　）
利益 ↕（　　）
目的 ↕（　　）
形式 ↕（　　）
外的 ↕（　　）
量 ↕（　　）
異なる ↕（　　）
相違点 ↕（　　）

全体 ↕（　　）
集団 ↕（　　）
抽象 ↕（　　）
まとめる ↕（　　）
広げる ↕（　　）
普通 ↕（　　）
一般 ↕（　　）
対等関係 ↕（　　）
安心 ↕（　　）
信じる ↕（　　）
恥ずかしい ↕（　　）
親しい ↕（　　）
尊敬 ↕（　　）
謙虚 ↕（　　）
優越感 ↕（　　）

必ず役立つ！　心情語一覧

・第3項で紹介した練習などに活用しましょう。
・プラス・マイナスの区別は便宜上のものです。文脈によっては逆になることもあります。

《プラスの心情》

安心　安堵　満足　前向き　希望　期待　待望　落ち着き　平常心　自制心
意気込み　強気　乗り気　意欲的　勇気　共感　同情　親近感　好感　感謝
許す　受け入れる　素直　優越感　誇る　自信　自負心　自尊心　プライド
使命感　責任感　リラックス

《マイナスの心情》

不安　心配　気がかり　不満　後ろ向き　残念　失望　絶望　不愉快　不快感
後ろめたい　弱気　無気力　脱力感　無力感　臆病　孤独感　寂しさ　疎外感
嫌悪感　憎しみ　劣等感　恥ずかしい　気の緩み　油断　迷い　ためらい
罪悪感　プレッシャー　緊張　あせり　恐れ　もどかしい　反感　いら立ち
怒り　ねたみ　うらやましい　情けない　後悔　悔しい　疑い　不信感
違和感　あきれる　呆然　がまん

必ず役立つ！　外来語変換表

・第16項を参考に活用しましょう。

アイデンティティ　▼自己同一性・自分らしさ
オーナー　▼所有者
ガイド　▼案内人
カスタマイズ　▼特注で作り変える
クオリティ　▼質
グローバル　▼地球規模の
ケア　▼世話・心遣い
コラボレーション　▼（意外性のある）共同制作

コンセプト　▼基本の考え方
コンテンツ　▼中身・内容
サプライズ　▼驚かせるもの
シェア　▼共有・占有率
シフト　▼切り替え・移行
スキル　▼技術・技能
ツール　▼道具
トレンド　▼傾向・流行
ポテンシャル　▼潜在能力
モチベーション　▼動機づけ・意欲のきっかけ

モラル　▼道徳・倫理
リアルタイム　▼即時・同時
リテラシー　▼読み書き能力・情報活用力
リニューアル　▼新しくする
ユニバーサル　▼万人向けの・万能の
リアル ↕ バーチャル
現実の ↕ 仮想の
メジャー ↕ マイナー
大規模な ↕ 小規模な

おわりに

すべては、子どもたちの輝かしい未来のために――

言葉は、数えきれないほど存在します。

ほとんど無限にあると言ってもよいでしょう。

語彙力を伸ばすための本を書こうとするとき、最初に立ちはだかる壁は、この「対象の無限性」です。

国語辞典は、その無限性に真っ向勝負を挑んでいます。その意味では、語彙力を伸ばすための本として国語辞典にかなう存在はないと言えます。

しかし、国語辞典にも弱点はあります。

それは、言葉と言葉の間の**「関係」**が切れているということです。

国語辞典においては通常、言葉は五十音順に並んでいるだけであり、隣り合う言葉の間には何の関係もありません。

一方、私たちが日常の中で言葉を使うとき、そこには多くの場合、「関係」が生じています。

その中でとりわけ大切なのは、「言葉Aと言葉Bは似ている」（共通点）、「言葉Aと言葉Bは異なる」（相違点）という関係性です。

この関係性をつかむことを重視していけば、無限にも思える「対象」に切り込む余地があるのではないか。

言葉と言葉の関係を見出すための**「技術」「考え方」**を紹介することができれば、ただひたすら1冊の国語辞典だけを頼りに言葉の海をさまよい、ときにおぼれてしまうような子どもたちを、助けることができるのではないか。

そう考えたわけです。

関係を見出すこと。それは、次のようにも表現できます。

点で存在する言葉を、線にする。

線になった言葉を、面にする。

面になった言葉を、立体にする。

そんなプロセスを実現するための一助として、この本がお役に立てれば幸いです。

ところで、この本は私の19冊めの本です。

この本も、多くの苦労を経て生まれました。

当初は、「言葉」の領域を超えた「知識」の質を高めることがテーマでした。巨大なテーマでの執筆を、考えていたのです。

2ヶ月かけて企画を詰めるうちに結局「言葉」に立ち返ることとなったわけですが、昨今の教育界における「知識軽視」の風潮をなんとかしたいという思いが、その背景にはありました。

「アクティブ・ラーニング」という言葉を、ご存じでしょうか。

子どもどうしで〝能動的に〟学び合い、教え合う。

一方で、教師は〝消極的に〟なる。できるだけ、教えない。

昨今、これが「理想の学校教育の姿」とされつつあります（平成26年11月20日・中央教育審議会諮問などを参照）。「自主性尊重」を錦の御旗にして、正当化されようとしているのです。

これは、大変危ない傾向です。

このままでは、子どもたちの「知識」は、貧弱なものになってしまいます。

教師は教えず、子どもが〝教える〟のですから、そうなるのは自明です。

そんな中で、教師自身も専門性を磨かなくなっていきます。

よいことなど、１つもありません。

この本は、そんな時代の流れにあらがうべく生まれたわけです。


なお、「言葉」について書くことが決まったあとも、２ヶ月かけて書いた１００ページの原稿をすべて捨てて書き直すという決断を自ら下すなど、紆余曲折がありました。

すべては、「読者にとっていかに役立つか」という基準で判断した結果です。

私が「読者」と書くとき、その先には必ず「子ども」がいます。

日本の、いや世界の未来を担う子どもたちが、言葉を自在に使いこなし、思考を磨き、活躍できるように——。

そう願いながら、筆を置きたいと思います。

ふくしま国語塾　主宰　福嶋隆史

〔参考文献等一覧〕

『大辞泉』小学館

『新明解国語辞典　第七版』三省堂

『活用自在 反対語対照語辞典』柏書房

『ちがいがわかる 類語使い分け辞典』小学館

『ベネッセ表現読解国語辞典』ベネッセコーポレーション

『字通　普及版』平凡社

『基礎日本語辞典』角川書店

『「本当の語彙力」が身につく問題集〔小学生版〕』大和出版

ウェブリオ（weblio）http://www.weblio.jp/

少納言ＫＯＴＯＮＯＨＡ現代日本語書き言葉均衡コーパス http://www.kotonoha.gr.jp/shonagon/

「外来語」言い換え提案（平成18年３月）国立国語研究所「外来語」委員会
http://pj.ninjal.ac.jp/gairaigo/Teian1_4/iikae_teian1_4.pdf

『日本国語大辞典 第二版』小学館

『三省堂 反対語便覧 新装版』三省堂

『類語国語辞典』角川学芸出版

『日本大百科全書』小学館

『感情表現辞典』東京堂出版

『角川　新字源　改訂版』角川書店

『てにをは辞典』三省堂

『分類語彙表』国立国語研究所

すぐに使える、一生使える！
「本当《ほんとう》の語彙力《ごいりょく》」がグングン伸《の》びる本《ほん》

2016年 2 月29日　　初版発行

著　者……福嶋隆史《ふくしまたかし》
発行者……大和謙二
発行所……株式会社大和出版
東京都文京区音羽 1-26-11　〒112-0013
電話　営業部 03-5978-8121 ／編集部 03-5978-8131
http://www.daiwashuppan.com
印刷所……誠宏印刷株式会社
製本所……ナショナル製本協同組合

ISBN978-4-8047-6263-0